햇살콩 필사묵상노트

새번역

잠언 쓰담쓰닮

쓰고 닮아가다

쓰고 담다

규장

'쓰담쓰닮' 필사묵상노트 시리즈를 펴내며

하나님 말씀은 살아있어 운동력 있는 '생명의 말씀'입니다.

책을 빠르게 넘기지 말고
한 구절 한 구절 천천히 읽고 필사하면서
생명력 있는 하나님 말씀을 마음에 담으세요.
"쓰고 담으세요!"

정성껏 새기며 깊이 묵상할 때
내 삶에 말씀이 숨쉬고
그분을 닮아가는 은혜가 깃듭니다.
"쓰고 닮아가세요!"

성경 쓰기를 통해
하나님과 일대일로 만나는 깊은 교제의 시간을 가지며
여러분의 신앙을 지켜가길 기도합니다.

"쓰담쓰닮"
하나님의 말씀이 당신을 위로하고
당신의 삶에 등불이 됨을 경험하십시오.

주의 말씀은 내 발에 등이요 내 길에 빛이니이다 시 119:105

필사를 시작하며

1. 말씀을 쓰기 전에 성령님의 도우심을 구하며 기도하세요.

   보혜사 곧 아버지께서 내 이름으로 보내실 성령 그가 너희에게 모든 것을 가르치고 내가 너희에게 말한 모든 것을 생각나게 하리라 요 14:26

2. 말씀을 천천히 소리 내어 읽으며 필사하세요.

   나의 반석이시요 나의 구속자이신 여호와여 내 입의 말과 마음의 묵상이 주님 앞에 열납되기를 원하나이다 시 19:14

3. 필사한 말씀을 묵상하고 삶에 적용하세요.

   여호와의 교훈은 정직하여 마음을 기쁘게 하고 여호와의 계명은 순결하여 눈을 밝게 하시도다 시 19:8

4. 말씀을 쓰고 난 후 기도로 마무리하세요.

   하나님의 말씀과 기도로 거룩하여짐이라 딤전 4:5

5. 필사하며 받은 은혜를 다른 이에게도 흘려보내세요.

   오직 선을 행함과 서로 나누어주기를 잊지 말라 하나님은 이같은 제사를 기뻐하시느니라 히 13:16

쓰담쓰담 필사묵상노트 활용법

◇ 한 장이 끝나면, 햇살콩 묵상을 천천히 읽어주세요.

◇ 필사하면서 마음에 남는 구절을 깊이 묵상하며 하나님이 부어주시는 마음과 삶에 적용하고픈 내용을 '나의 묵상' 공간에 기록하세요.

◇ 묵상을 마치면 캘리그라피를 따라 쓰며 말씀을 마음에 한 번 더 새기세요.

◇ 햇살콩 일러스트와 말씀 구절을 통해 잠잠히 묵상하는 시간을 가져보세요.

지혜의 책 Proverbs

잠언에는 하나님을 경외하는 자들이
세상에서 어떻게 살아야 할지에 대한
구체적이고 실제적인 교훈과
각종 삶의 지혜가 담겨있다.
'지혜'는 하나님을 경외하는 것이며,
모든 참된 지식은 하나님으로부터 나온다.
잠언은 이러한 사상에 기초해
윤리적이고 영적인 문제들을 다룬다.
잠언은 처세술 모음집이 아니라
'지금' 여기에서 하나님께 정직하게 반응하고
순종하도록 돕는 생각과 격언을 모은 지혜서이다.

–《포커스성경》(대한기독교서회) 발췌

일러두기

그 무엇보다도

너는 네 마음을 지켜라.

그 마음이 바로

생명의 근원이기 때문이다.

잠 4:23

잠언 1장

잠언의 목적과 주제

1 이것은 다윗의 아들 이스라엘 왕 솔로몬의 잠언이다.

2 이 잠언은 지혜와 훈계를 알게 하며, 명철의 말씀을 깨닫게 하며,

3 정의와 공평과 정직을 지혜롭게 실행하도록 훈계를 받게 하며,

4 어수룩한 사람을 슬기롭게 하여주며, 젊은이들에게 지식과 분별력을
갖게 하여주는 것이니,

5 지혜 있는 사람은 이 가르침을 듣고 학식을 더할 것이요,
명철한 사람은 지혜를 더 얻게 될 것이다.

6 잠언과 비유와 지혜 있는 사람의 말과 그 심오한 뜻을
깨달아 알 수 있을 것이다.

7 주님을 경외하는 것이 지식의 근본이어늘,
어리석은 사람은 지혜와 훈계를 멸시한다.

젊은이에게 주는 충고

8 아이들아, 아버지의 훈계를 잘 듣고, 어머니의 가르침을 저버리지 말아라.

9 진정 이것은 머리에 쓸 아름다운 관이요, 너의 목에 걸 목걸이이다.

10 아이들아, 악인들이 너를 꾀더라도, 따라가지 말아라.

11 그들이 너에게 이렇게 말할 것이다. "함께 가서 숨어 기다렸다가,
이유를 묻지 말고, 죄 없는 사람을 죽이자.

12 스올처럼 그들을 산 채로 삼키고, 무덤이 사람을 통째로 삼키듯이,
그들을 통째로 삼키자.

13 우리는 온갖 값진 것을 얻게 될 것이며, 빼앗은 것으로 우리의 집을
가득 채우게 될 것이다.

14 너도 우리와 함께 제비를 뽑고, 우리 사이에 돈주머니는 하나만 두자."

월 일

15 아이들아, 그들이 이렇게 말하더라도, 너는 그들과 함께 다니지 말고,
네 발을 그들이 가는 길에 들여놓지 말아라.
16 그들의 발은 악으로 치달으며, 피 흘리는 일을 서두르기 때문이다.
17 무릇, 새가 보는 앞에서 그물을 치는 것은 헛수고이겠거늘,
18 그들이 가만히 엎드려서 지키고 있으니 제 피나 흘릴 뿐이요,
숨어서 기다리고 있으니 제 목숨이나 잃을 뿐이다.
19 무릇 부당한 이득을 탐하는 자의 길은 다 이러하니, 재물이 목숨을 빼앗는다.

지혜가 부른다

20 지혜가 길거리에서 부르며, 광장에서 그 소리를 높이며,
21 시끄러운 길머리에서 외치며, 성문 어귀와 성 안에서 말을 전한다.
22 "어수룩한 사람들아, 언제까지 어수룩한 것을 좋아하려느냐?
비웃는 사람들아, 언제까지 비웃기를 즐기려느냐?
미련한 사람들아, 언제까지 지식을 미워하려느냐?
23 너희는 내 책망을 듣고 돌아서거라.
보아라, 내가 내 영을 너희에게 보여주고, 내 말을 깨닫게 해주겠다.
24 그러나 너희는, 내가 불러도 들으려고 하지 않고,
내가 손을 내밀어도 거들떠보려고도 하지 않았다.
25 도리어 너희가 내 모든 충고를 무시하며 내 책망을 받아들이지 않았으니,
26 너희가 재앙을 만날 때에, 내가 비웃을 것이며,
너희에게 두려운 일이 닥칠 때에, 내가 조롱하겠다.

월 일

27 공포가 광풍처럼 너희를 덮치며, 재앙이 폭풍처럼 너희에게 밀려오며,
고난과 고통이 너희에게 밀어닥칠 때에,
28 그때에야 나를 애타게 부르겠지만, 나는 대답하지 않겠고,
나를 애써 찾을 것이지만, 나를 만나지 못할 것이다.
29 이것은 너희가 깨닫기를 싫어하며, 주님 경외하기를 즐거워하지 않으며,
30 내 충고를 받아들이지 않으며, 내 모든 책망을 업신여긴 탓이다.
31 그러므로 그런 사람은 제가 한 일의 열매를 먹으며, 제 꾀에 배부를 것이다.
32 어수룩한 사람은 내게 등을 돌리고 살다가 자기를 죽이며,
미련한 사람은 안일하게 살다가 자기를 멸망시키지만,
33 오직 내 말을 듣는 사람은 안심하며 살겠고,
재앙을 두려워하지 않고 평안히 살 것이다."

월 일

하나님을 경외하는 것이 참 지혜이며,
지혜의 근본되시는 그분과
교제하는 것이 '복'입니다.

잠언 말씀을 읽고 쓰고 묵상하면서
하나님나라의 원리를 깨닫고
이를 실천할 '지혜'를 발견하게 될 것입니다.

당신이 하나님을 더 깊이
사랑하고 경외하게 되기를
온 맘 다해 축복합니다!

나의 묵상

주님을 경외하는 것이 지식의 근본이어늘,
어리석은 사람은 지혜와 훈계를 멸시한다
너희는 내 책망을 듣고 돌아서거라
보아라, 내가 내 영을 너희에게 보여주고,
내 말을 깨닫게 해주겠다

잠언 2장

지혜가 주는 유익

1 아이들아, 내 말을 받아들이고, 내 명령을 마음속 깊이 간직하여라.

2 지혜에 네 귀를 기울이고, 명철에 네 마음을 두어라.

3 슬기를 외쳐 부르고, 명철을 얻으려고 소리를 높여라.

4 은을 구하듯 그것을 구하고, 보화를 찾듯 그것을 찾아라.

5 그렇게 하면, 너는 주님을 경외하는 길을 깨달을 것이며,
하나님을 아는 지식을 터득할 것이다.

6 주님께서 지혜를 주시고, 주님께서 친히 지식과 명철을 주시기 때문이다.

7 정직한 사람에게는 분별하는 지혜를 마련하여주시고,
흠 없이 사는 사람에게는 방패가 되어주신다.

8 공평하게 사는 사람의 길을 보살펴주시고,
주님께 충성하는 사람의 길을 지켜주신다.

9 그때에야 너는 정의와 공평과 정직, 이 모든 복된 길을 깨달을 것이다.

10 지혜가 네 마음속에 들어가고, 지식이 네 영혼을 즐겁게 할 것이다.

11 분별력이 너를 지켜주고, 명철이 너를 보살펴줄 것이다.

12 지혜가 악한 사람의 길에서 너를 구하고, 겉과 속이 다르게 말하는
사람에게서 너를 건질 것이다.

13 그들은 바른길을 버리고, 어두운 길로 가는 사람들이다.

14 그들은 나쁜 일 하기를 좋아하며, 악하고 거스르는 일 하기를 즐거워한다.

15 그들의 길은 구부러져있고, 그들의 행실은 비뚤어져있다.

월 일

지혜와 순결

16 지혜가 너를 음란한 여자에게서 건져주고,
너를 꾀는 부정한 여자에게서 건져줄 것이다.

17 그 여자는 젊은 시절의 짝을 버리고,
하나님과 맺은 언약을 잊은 여자이다.

18 그 여자의 집은 죽음에 이르는 길목이요,
그 길은 죽음으로 내려가는 길이다.

19 그런 여자에게 가는 자는 아무도 되돌아오지 못하고,
다시는 생명의 길에 이르지 못한다.

20 그러므로 너는 선한 사람이 가는 길을 가고,
의로운 사람이 걷는 길로만 걸어라.

21 세상은 정직한 사람이 살 곳이요,
흠 없는 사람이 살아남을 곳이기 때문이다.

22 그러나 악한 사람은 땅에서 끊어지고,
진실하지 못한 사람은 땅에서 뿌리가 뽑힐 것이다.

월 일

거짓과 악이 만연한 이 세상에서
우리의 삶과 영혼을 지킬 방법은
하나님의 지혜와 가르침대로 살아가는 것입니다.

그분의 말씀을 사랑하고 밤낮으로 묵상하는 자는,
죄의 길에 서지 않고 복 있는 자의 길을 걸을 것입니다.

우리의 안전을
세상의 지혜나 사람에게 맡기지 말고
하나님의 지혜에 맡기십시오.

"당장 내게 유익 같아 보이는
악인들의 달콤한 유혹을 뿌리치게 하소서.
세상이 주는 그 어떤 좋은 것보다
하나님의 지혜를 사모하고 구하게 하소서."

나의 묵상

정직한 사람에게는 분별하는 지혜를 마련하여주시고,
흠없이 사는 사람에게는 방패가 되어주신다
그러므로 너는 선한 사람이 가는 길을 가고,
의로운 사람이 걷는 길로만 걸어라

잠언 3장

젊은이에게 주는 충고

1 아이들아, 내 가르침을 잊지 말고, 내 계명을 네 마음에 간직하여라.

2 그러면 그것들이 너를 장수하게 하며, 해가 갈수록 더욱 평안을
누리게 할 것이다.

3 인자와 진리를 저버리지 말고, 그것을 목에 걸고 다니며,
너의 마음속 깊이 새겨두어라.

4 그러면 하나님과 사람 앞에서 네가 은혜를 입고 귀중히 여김을 받을 것이다.

5 너의 마음을 다하여 주님을 의뢰하고, 너의 명철을 의지하지 말아라.

6 네가 하는 모든 일에서 주님을 인정하여라.
그러면 주님께서 네가 가는 길을 곧게 하실 것이다.

7 스스로 지혜롭다고 여기지 말고, 주님을 경외하며 악을 멀리하여라.

8 그러면 이것이 너의 몸에 보약이 되어, 상처가 낫고 아픔이 사라질 것이다.

9 너의 재산과 땅에서 얻은 모든 첫 열매로 주님을 공경하여라.

10 그러면 너의 창고가 가득 차고, 너의 포도주 통에 햇포도주가 넘칠 것이다.

11 아이들아, 주님의 훈계를 거부하지 말고, 그의 책망을 싫어하지 말아라.

12 주님은, 당신이 사랑하시는 사람을 꾸짖으시니,
마치 귀여워하는 아들을 꾸짖는 아버지와 같으시다.

월 일

지혜의 가치

13 지혜를 찾는 사람은 복이 있고, 명철을 얻는 사람은 복이 있다.

14 참으로 지혜를 얻는 것이 은을 얻는 것보다 낫고,
황금을 얻는 것보다 더 유익하다.

15 지혜는 진주보다 더 값지고, 네가 갖고 싶어 하는 그 어떤 것도
이것과 비교할 수 없다.

16 그 오른손에는 장수가 있고, 그 왼손에는 부귀영화가 있다.

17 지혜의 길은 즐거운 길이요, 그 모든 길에는 평안이 있다.

18 지혜는, 그것을 얻는 사람에게는 생명의 나무이니,
그것을 붙드는 사람은 복이 있다.

19 주님은 지혜로 땅의 기초를 놓으셨고, 명철로 하늘을 펼쳐놓으셨다.

20 그분은 지식으로 깊은 물줄기를 터뜨리시고,
구름에서 이슬이 내리게 하신다.

21 아이들아, 건전한 지혜와 분별력을 모두 잘 간직하여
너의 시야에서 떠나지 않게 하여라.

22 그것이 너의 영혼에 생기를 불어넣으며,
너의 목에 우아한 장식물이 될 것이다.

23 그때에 너는 너의 길을 무사히 갈 것이며,
너의 발은 걸려 넘어지지 않을 것이다.

24 너는 누워도 두렵지 않고, 누우면 곧 단잠을 자게 될 것이다.

25 너는 갑자기 닥치는 두려운 일이나,
악한 사람에게 닥치는 멸망을 보고 무서워하지 말아라.

26 주님께서 네가 의지할 분이 되셔서
너의 발이 덫에 걸리지 않게 지켜주실 것이다.

월 일

27 너의 손에 선을 행할 힘이 있거든,
도움을 청하는 사람에게 주저하지 말고 선을 행하여라.

28 네가 가진 것이 있으면서도, 너의 이웃에게
"갔다가 다시 오시오. 내일 주겠소" 말하지 말아라.

29 너를 의지하며 살고 있는 너의 이웃에게 해를 끼칠 계획은 꾸미지 말아라.

30 너에게 해를 끼치지 않는 사람과는, 까닭 없이 다투지 말아라.

31 폭력을 휘두르는 사람을 부러워하지 말고,
그의 행위는 그 어떤 것이든 따르지 말아라.

32 참으로 주님은 역겨운 일을 하는 사람은 미워하시고,
바른길을 걷는 사람과는 늘 사귐을 가지신다.

33 주님은 악한 사람의 집에는 저주를 내리시지만,
의로운 사람이 사는 곳에는 복을 내려주신다.

34 진실로 주님은, 조롱하는 사람을 비웃으시고,
겸손한 사람에게는 은혜를 베푸신다.

35 지혜 있는 사람은 영광을 물려받고,
미련한 사람은 수치를 당할 뿐이다.

월 일

언제 어디서나
주님을 인정하고 의지하나요?

내 생각과 노력과 수고로 세운 업적과 성공은
언제 무너질지 모르는 모래성과 같습니다.

하나님은 전적으로 그분을 의뢰하고
모든 일을 그분의 지혜에 맡기는 자의 길을 인도하십니다.

스스로 지혜롭다고 생각하기를 멈추고
겸손히 하나님을 찾고 바라십시오.

그분이 인도하시는 길이 가장 좋은 길이며
그 길로 가는 것이 참된 지혜입니다.

나의 묵상

네가 하는 모든 일에서 주님을 인정하여라
그러면 주님께서 네가 가는 길을 곧게 하실 것이다
주님은, 당신이 사랑하시는 사람을 꾸짖으시니,
마치 귀여워하는 아들을 꾸짖는 아버지와 같으시다

잠언 4장

지혜가 주는 유익

1 아이들아, 너희는 아버지의 훈계를 잘 듣고, 명철을 얻도록 귀를 기울여라.

2 내가 선한 도리를 너희에게 전하니, 너희는 내 교훈을 저버리지 말아라.

3 나도 내 아버지에게는 아들이었고, 내 어머니 앞에서도
하나뿐인 귀여운 자식이었다.

4 아버지는 내게 이렇게 가르치셨다. "내 말을 네 마음에 간직하고,
내 명령을 지켜라. 네가 잘 살 것이다.

5 지혜를 얻고, 명철을 얻어라. 내가 친히 하는 말을 잊지 말고, 어기지 말아라.

6 지혜를 버리지 말아라. 그것이 너를 지켜줄 것이다.
지혜를 사랑하여라. 그것이 너를 보호하여줄 것이다.

7 지혜가 으뜸이니, 지혜를 얻어라.
네가 가진 모든 것을 다 바쳐서라도 명철을 얻어라.

8 지혜를 소중히 여겨라. 그것이 너를 높일 것이다.
지혜를 가슴에 품어라. 그것이 너를 존귀하게 할 것이다.

9 그 지혜가 아름다운 화관을 너의 머리에 씌워주고,
영광스러운 왕관을 너에게 씌워줄 것이다."

바른길, 그른 길

10 아이들아, 들어라. 내 말을 받아들이면, 네가 오래 살 것이다.

11 내가 네게 지혜로운 길을 가르쳐주었고, 너를 바른길로 이끌어주었으므로,

12 네가 걸을 때에, 네 걸음이 막히지 않고, 달려가도 넘어지지 않을 것이다.

월 일

13 훈계를 놓치지 말고 굳게 잡아라. 그것은 네 생명이니, 단단히 지켜라.

14 악독한 사람의 길에 들어서지 말고, 악한 사람의 길로는 다니지도 말아라.

15 그런 길은 피하고, 건너가지도 말며, 발길을 돌려서, 지나쳐버려라.

16 그들은 악한 일을 저지르지 않고는 잠을 이루지 못하며,
남을 넘어지게 하지 않고는 잠을 설치는 자들이다.

17 그들은 악한 방법으로 얻은 빵을 먹으며, 폭력으로 빼앗은 포도주를 마신다.

18 의인의 길은 동틀 때의 햇살 같아서, 대낮이 될 때까지 점점 더 빛나지만,

19 악인의 길은 캄캄하여, 넘어져도 무엇에 걸려 넘어졌는지 알지 못한다.

20 아이들아, 내가 하는 말을 잘 듣고, 내가 이르는 말에 귀를 기울여라.

21 이 말에서 한시도 눈을 떼지 말고, 너의 마음속 깊이 잘 간직하여라.

22 이 말은 그것을 얻는 사람에게 생명이 되며, 그의 온몸에 건강을 준다.

23 그 무엇보다도 너는 네 마음을 지켜라.
그 마음이 바로 생명의 근원이기 때문이다.

24 왜곡된 말을 네 입에서 없애버리고, 속이는 말을 네 입술에서 멀리하여라.

25 눈으로는 앞만 똑바로 보고, 시선은 앞으로만 곧게 두어라.

26 발로 디딜 곳을 잘 살펴라. 네 모든 길이 안전할 것이다.

27 좌로든 우로든 빗나가지 말고, 악에서 네 발길을 끊어버려라.

월 일

요즘 당신은
무엇을 보고, 듣고, 말하고 있나요?

말과 행동을 잘 살펴보면
당신의 마음이 어디를 향하는지 알 수 있어요.

성경은 우리 마음이
'생명의 근원'이라고 말합니다.
즉, 마음을 빼앗기는 건
인생을 빼앗기는 것과 같습니다.

오늘 하나님께
마음을 지키는 기도를 드리십시오.

"사랑하는 주님,
제가 보는 것과 말하는 것을 보호하소서.
제 발걸음을 인도하소서.
무엇보다 마음을 지켜주소서."

나의 묵상

지혜를 소중히 여겨라 그것이 너를 높일 것이다
지혜를 가슴에 품어라 그것이 너를 존귀하게 할 것이다
그 무엇보다도 너는 네 마음을 지켜라
그 마음이 바로 생명의 근원이기 때문이다

잠언 5장

아내에게 성실히 하여라

1 내 아들아, 너는 내 지혜에 주의를 기울이고 내 명철에 너의 귀를 기울여서,

2 분별력을 간직하고, 네 입술로 지식을 굳게 지켜라.

3 음행하는 여자의 입술에서는 꿀이 떨어지고, 그 말은 기름보다 매끄럽지만,

4 그것이 나중에는 쑥처럼 쓰고, 두 날을 가진 칼처럼 날카롭다.

5 그 여자의 발은 죽을 곳으로 내려가고, 그 여자의 걸음은 스올로 치닫는다.

6 그 여자는 생명의 길을 지키지 못하며,
그 길이 불안정해도 그것을 깨닫지 못한다.

7 내 아들아, 이제 너희는 내 말을 잘 들어라.
내가 하는 말에서 벗어나지 말아라.

8 네 길에서 그 여자를 멀리 떨어져있게 하여라.
그 여자의 집 문 가까이에도 가지 말아라.

9 그렇지 않으면, 네 영예가 다른 사람에게 넘어가고,
네 아까운 세월을 포학자들에게 빼앗길 것이다.

10 다른 사람이 네 재산으로 배를 불리고,
네가 수고한 것이 남의 집으로 돌아갈 것이다.

11 마침내 네 몸과 육체를 망친 뒤에, 네 종말이 올 때에야 한탄하며,

12 말하기를 "내가 어찌하여 훈계를 싫어하였던가?
내가 어찌하여 책망을 멸시하였던가?

13 내가 스승에게 순종하지 않고, 나를 가르쳐주신 분에게
귀를 기울이지 않고 있다가,

14 온 회중이 보는 앞에서 이런 처절한 재난을 당하는구나!" 할 것이다.

월 일

15 너는 네 우물의 물을 마시고, 네 샘에서 솟아나는 물을 마셔라.

16 어찌하여 네 샘물을 바깥으로 흘려 보내며,
그 물줄기를 거리로 흘려 보내려느냐?

17 그 물은 너 혼자만의 것으로 삼고, 다른 사람들과 나누지 말아라.

18 네 샘이 복된 줄 알고, 네가 젊어서 맞은 아내와 더불어 즐거워하여라.

19 아내는 사랑스러운 암사슴, 아름다운 암노루,
그의 품을 언제나 만족스럽게 생각하고,
그의 사랑을 언제나 사모하여라.

20 내 아들아, 어찌하여 음행하는 여자를 사모하며,
부정한 여자의 가슴을 껴안겠느냐?

21 주님의 눈은 사람의 길을 지켜보시며, 그 모든 길을 살펴보신다.

22 악인은 자기의 악에 걸리고, 자기 죄의 올무에 걸려들어서,

23 훈계를 받지 않아서 죽고, 너무나 미련하여 길을 잃는다.

월 일

육체의 쾌락에 빠져
성적인 죄를 스스럼없이 저지르는 문화는,
우리를 파멸의 길로 이끕니다.

하나님은 내 마음과 행동을 환히 보고 계십니다.
은밀하게 진행하는 음란한 일은 속일 수 있다고 착각하지만
어느 한순간도 하나님의 눈을 피할 수는 없습니다.

우리의 몸은 하나님이 거하시는 성전임을 기억하십시오.
하나님의 지혜에 귀를 기울여, 모든 음란을 멀리하고
유혹, 중독이 될 만한 요소를 철저히 차단하십시오.
내 전부를 하나님 앞에 깨끗하고 거룩하게 지켜가십시오.

혹시 하나님이 계속 마음을 불편하게 하시는데도
성적인 죄악을 뿌리치지 못하고 있다면
더 늦기 전에 돌이켜 회개하고 기도하십시오.

"하나님의 사랑과 지혜를 부어주세요.
하나님을 두려워하는 마음을 회복시켜 주세요.
이 질긴 죄에서 건지시고, 거룩한 길로 인도해주세요."

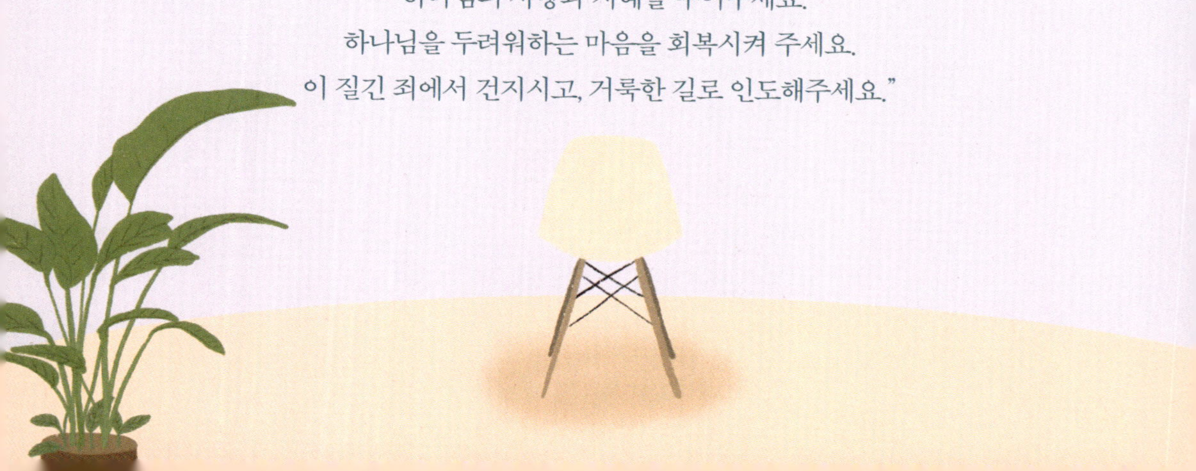

나의 묵상

내 아들아, 너는 내 지혜에 주의를 기울이고
내 명철에 너의 귀를 기울여서,
분별력을 간직하고, 네 입술로 지식을 굳게 지켜라

잠언 6장

어리석은 사람이 되지 말아라

1 아이들아, 네가 이웃을 도우려고 담보를 서거나,
남의 딱한 사정을 듣고 보증을 선다면,
2 네가 한 그 말에 네가 걸려들고, 네가 한 그 말에 네가 잡힌다.
3 아이들아, 네가 너의 이웃의 손에 잡힌 것이니, 어서 그에게 가서
풀어달라고 겸손히 간청하여라. 너는 이렇게 하여 자신을 구하여라.
4 잠을 자지도 말고, 졸지도 말고
5 노루가 사냥꾼의 손에서 벗어나듯, 새가 새 잡는 사람의 손에서 벗어나듯,
어서 벗어나서 너 자신을 구하여라.
6 게으른 사람아, 개미에게 가서, 그들이 사는 것을 살펴보고 지혜를 얻어라.
7 개미는 우두머리도 없고 지휘관도 없고 통치자도 없지만,
8 여름 동안 양식을 마련하고, 추수 때에 먹이를 모아둔다.
9 게으른 사람아, 언제까지 누워있으려느냐? 언제 잠에서 깨어 일어나려느냐?
10 "조금만 더 자야지, 조금만 더 눈을 붙여야지,
조금만 더 팔을 베고 누워있어야지" 하면,
11 네게 가난이 강도처럼 들이닥치고,
빈곤이 방패로 무장한 용사처럼 달려들 것이다.
12 건달과 악인은 그릇된 말이나 하며 돌아다닌다.
13 그들은 눈짓과 발짓과 손짓으로 서로 신호를 하며,
14 그 비뚤어진 마음으로 항상 악을 꾀하며, 싸움만 부추긴다.
15 그러므로 갑자기 닥쳐오는 재앙을 만나, 순식간에 망하고, 회복되지 못한다.

월 일

16 주님께서 미워하시는 것, 주님께서 싫어하시는 것이 예닐곱 가지이다.
17 교만한 눈과 거짓말하는 혀와 무죄한 사람을 피 흘리게 하는 손과
18 악한 계교를 꾸미는 마음과 악한 일을 저지르려고 치닫는 발과,
19 거짓으로 증거하는 사람과, 친구 사이를 이간하는 사람이다.

부도덕에 대한 경고

20 아이들아, 아버지의 명령을 지키고, 어머니의 가르침을 저버리지 말아라.
21 그것을 항상 네 마음에 간직하며, 네 목에 걸고 다녀라.
22 네가 길을 갈 때 그것이 너를 인도하여주며, 네가 잠잘 때에 너를 지켜주고,
네가 깨면 너의 말벗이 되어줄 것이다.
23 참으로 그 명령은 등불이요, 그 가르침은 빛이며,
그 훈계의 책망은 생명의 길이다.
24 이것이 너를 악한 여자에게서 지켜주고,
음행하는 여자의 호리는 말에 네가 빠지지 않게 지켜준다.
25 네 마음에 그런 여자의 아름다움을 탐내지 말고, 그 눈짓에 홀리지 말아라.
26 과연 창녀는 사람을 빵 한 덩이만 남게 만들며,
음란한 여자는 네 귀중한 생명을 앗아간다.
27 불을 가슴에 안고 다니는데 옷이 타지 않을 수 있겠느냐?
28 숯불 위를 걸어 다니는데 발이 성할 수 있겠느냐?
29 남의 아내와 간통하는 자가 이렇다.
남의 아내를 범하고서도 어찌 무사하기를 바라겠느냐?

월 일

30 도둑이 다만 허기진 배를 채우려고 훔쳤다면,
사람들은 그 도둑을 멸시하지 않을 것이다.

31 그래도 훔치다 들키면 일곱 배를 갚아야 하고,
심하면 자기 집에 있는 모든 재산을 다 내주어야 할 것이다.

32 남의 아내와 간음하는 사람은 생각이 모자라는 사람이다.
자기 영혼을 망치려는 사람만이 그런 일을 한다.

33 그는 매를 맞고 창피를 당할 것이니, 그 수치를 절대로 씻을 수 없을 것이다.

34 그의 남편이 질투에 불타서 복수하는 날, 조금도 동정하여주지 않을 것이다.

35 어떤 보상도 거들떠보려고 하지 않을 것이며,
아무리 많은 위자료를 가져다주어도 받으려 하지 않을 것이다.

월 일

게으른 생활에 작별을 고하십시오.

성경은 게으른 사람에게
개미가 일하는 것을 보고
지혜를 얻으라고 말씀하십니다.

성경 읽기와 기도 생활을 게을리하면
하나님과의 관계가 손쓸 새 없이 멀어집니다.
그분이 부어주신 소중한 시간을
아무런 소망 없이 허비하게 됩니다.

내 손으로 취한 소득을 기뻐하고
발로 얻은 수확을 즐거워하십시오.

게으름의 자리를 털고 일어나
하루 한 걸음씩 주님과 즐거이 걸어가십시오.

나의 묵상

"조금만 더 자야지, 조금만 더 눈을 붙여야지,
조금만 더 팔을 베고 누워 있어야지" 하면,
네게 가난이 강도처럼 들이닥치고,
빈곤이 방패로 무장한 용사처럼 달려들 것이다

나는, 나를 사랑하는
사람을 사랑하며,
나를 간절히 찾는 사람을 만나준다.

잠 8:17

잠언 7장

불신실한 자의 어리석음

1 아이들아, 내 말을 지키고, 내 명령을 너의 마음속 깊이 간직하여라.

2 내 명령을 지켜서 잘 살고 내 교훈을 너의 눈동자를 보호하듯 지켜라.

3 그것을 너의 손가락에 매고, 네 마음속 깊이 새겨두어라.

4 지혜에게는 "너는 내 누이"라고 말하고,
명철에게는 "너는 내 친구"라고 불러라.

5 그러면 그것이 너를 음행하는 여자로부터 지켜주고,
달콤한 말로 호리는 외간 여자로부터 지켜줄 것이다.

부도덕한 여인

6 나는, 나의 집 창가에서 창살문으로 내다보다가,

7 어수룩한 젊은이들 가운데, 지혜 없는 젊은이가 있는 것을 보았다.

8 그는 거리를 지나 골목 모퉁이로 가까이 가서,
그 여자의 집으로 가는 길로 발걸음을 옮겼다.

9 저녁이 되어 땅거미가 지고, 밤이 되어 어두워진 때였다.

10 한 여자가 창녀 옷을 입고서, 교활한 마음을 품고 그에게 다가갔다.

11 그 여자는 마구 떠들며, 예의 없이 굴며, 발이 집에 머물러있지를 못한다.

12 때로는 이 거리에서, 때로는 저 광장에서, 길목마다 몸을 숨기고 있다가,

13 그 젊은이를 와락 붙잡고 입을 맞추며, 뻔뻔스러운 얼굴로 그에게 말하였다.

14 "오늘 나는 화목제를 드려서, 서원한 것을 실행하였습니다.

15 그래서 나는 당신을 맞으러 나왔고, 당신을 애타게 찾다가,
이렇게 만나게 되었습니다.

16 내 침대에는 요도 깔아놓았고, 이집트에서 만든 무늬 있는 이불도
펴놓았습니다.

월 일

17 누울 자리에는 몰약과 침향과 육계향을 뿌려두었습니다.

18 자, 어서 가서 아침이 되도록 한껏 사랑에 빠지고, 서로 사랑하면서 즐깁시다.

19 남편도 먼 여행길을 떠나서 집에 없습니다.

20 돈주머니를 가지고 갔으니, 보름달이 뜰 때라야 집에 돌아올 겁니다."

21 이렇게 여러 가지 달콤한 말로 유혹하고 호리는 말로 꾀니,

22 그는 선뜻 이 여자의 뒤를 따라나섰다. 마치 도살장으로 끌려가는 소와도 같고,
올가미에 채이러 가는 어리석은 사람과도 같다.

23 마치 자기 목숨을 잃는 줄도 모르고 그물 속으로 쏜살같이 날아드는 새와
같으니, 마침내 화살이 그의 간을 꿰뚫을 것이다.

24 아이들아, 이제 너희는 나의 말을 잘 들어라. 내가 하는 말을 명심하여라.

25 네 마음이 그 여자가 가는 길로 기울지 않게 하고, 그 여자가 가는 길로
빠져들지 않게 하여라.

26 그 여자에게 상처를 입고 쓰러진 사람이 많고, 그 여자 때문에 죽은 남자도
헤아릴 수 없이 많다.

27 그런 여자의 집은 스올로 트인 길이며, 죽음의 안방으로 내려가는 길이다.

월 일

부패하고 타락한 세상은
달콤하고 그럴듯한 이야기로 우리에게 접근합니다.

'이 정도는 괜찮겠지.'
'다른 사람도 한 번쯤은….'

안일한 생각과 자기 합리화로
하나님의 말씀으로부터 우리의 눈과 귀가 닫힙니다.

많은 사람이 따르고 옳다고 입을 모아도,
우리는 오직 성경을 기준 삼아
올바르게 분별해야 합니다.

하나님의 말씀이 내 안에 없으면
세상의 유혹에 쉽게 넘어집니다.

매일 주님의 말씀으로 무장하여
영적 전쟁에서 승리하십시오!

나의 묵상

아이들아, 내 말을 지키고,
내 명령을 너의 마음 속 깊이 간직하여라
내 명령을 지켜서 잘 살고
내 교훈을 너의 눈동자를 보호하듯 지켜라
그것을 너의 손가락에 매고,
네 마음 속 깊이 새겨 두어라

잠언 8장

지혜 찬양

1 지혜가 부르고 있지 않느냐? 명철이 소리를 높이고 있지 않느냐?

2 지혜가 길가의 높은 곳과, 네거리에 자리를 잡고 서있다.

3 마을 어귀 성문 곁에서, 여러 출입문에서 외친다.

4 "사람들아, 내가 너희를 부른다. 내가 모두에게 소리를 높인다.

5 어수룩한 사람들아, 너희는 명철을 배워라.
미련한 사람들아, 너희는 지혜를 배워라.

6 너희는 들어라. 나는 옳은 말만 하고, 내 입술로는 바른말만 한다.

7 내 입은 진실을 말하며, 내 입술은 악을 싫어한다.

8 내가 하는 말은 모두 의로운 것뿐이며,
거기에는 비뚤어지거나 그릇된 것이 없다.

9 총명이 있는 사람은 이 모든 말을 옳게 여기고,
지식이 있는 사람은 이 모든 말을 바르게 여긴다.

10 너희는 은을 받기보다는 내 훈계를 받고,
금을 선택하기보다는 지식을 선택하여라.

11 참으로 지혜는 진주보다 좋으며, 네가 갖고 싶어 하는 그 어떤 것도
이것과 비교할 수 없다."

월 일

지혜가 하는 말

12 "나 지혜는 명철로 주소를 삼으며, 지식과 분별력을 가지고 있다.

13 주님을 경외하는 것은 악을 미워하는 것이다. 나는 교만과 오만,
악한 행실과 거짓된 입을 미워한다.

14 내게는 지략과 건전한 지혜가 있으며, 명철과 능력이 있다.

15 내 도움으로 왕들이 통치하며, 고관들도 올바른 법령을 내린다.

16 내 도움으로 지도자들이 바르게 다스리고, 고관들 곧 공의로 재판하는
자들도 올바른 판결을 내린다.

17 나는, 나를 사랑하는 사람을 사랑하며, 나를 간절히 찾는 사람을 만나준다.

18 부귀와 영화도 내게 있으며, 든든한 재물과 의도 내게 있다.

19 내가 맺어주는 열매는 금이나 순금보다 좋고,
내가 거두어주는 소출은 순은보다 좋다.

20 나는 의로운 길을 걸으며, 공의로운 길 한가운데를 걷는다.

21 나를 사랑하는 사람에게는 내가 재물을 주어서,
그의 금고가 가득 차게 하여줄 것이다.

22 주님께서 일을 시작하시던 그 태초에, 주님께서 모든 것을 지으시기 전에,
이미 주님께서는 나를 데리고 계셨다.

23 영원 전, 아득한 그 옛날, 땅도 생기기 전에, 나는 이미 세움을 받았다.

24 아직 깊은 바다가 생기기도 전에, 물이 가득한 샘이 생기기도 전에,
나는 이미 태어났다.

25 아직 산의 기초가 생기기 전에, 언덕이 생기기 전에, 나는 이미 태어났다.

월 일

26 주님께서 아직 땅도 들도 만들지 않으시고, 세상의 첫 흙덩이도
만들지 않으신 때이다.

27 주님께서 하늘을 제자리에 두시며, 깊은 바다 둘레에 경계선을
그으실 때에도, 내가 거기에 있었다.

28 주님께서 구름 떠도는 창공을 저 위 높이 달아매시고,
깊은 샘물을 솟구치게 하셨을 때에,

29 바다의 경계를 정하시고, 물이 그분의 명을 거스르지 못하게 하시고,
땅의 기초를 세우셨을 때에,

30 나는 그분 곁에서 창조의 명공이 되어, 날마다 그분을 즐겁게 하여드리고,
나 또한 그분 앞에서 늘 기뻐하였다.

31 그분이 지으신 땅을 즐거워하며, 그분이 지으신 사람들을 내 기쁨으로 삼았다.

32 그러므로 아이들아, 이제 내 말을 들어라. 내 길을 따르는 사람이 복이 있다.

33 내 훈계를 들어서 지혜를 얻고, 그것을 무시하지 말아라.

34 날마다 나의 문을 지켜보며, 내 문설주 곁에 지키고 서서,
내 말을 듣는 사람은 복이 있다.

35 나를 얻는 사람은 생명을 얻고, 주님께로부터 은총을 받을 것이다.

36 그러나 나를 놓치는 사람은 자기 생명을 해치는 사람이며,
나를 미워하는 사람은 죽음을 사랑하는 사람이다."

월 일

우리에게 가장 소중한 건 무엇입니까?

성경은 '지혜'가 보석보다 값지며
어떤 것과도 비길 수 없다고 말합니다.

하나님의 지혜가 담긴 말씀의 가치는
무엇과도 비교할 수 없습니다.

물질 우선순위로 살아가지 말고,
하나님의 말씀 우선순위로 살아가십시오.

주님을 사랑하는 자들이 그분의 사랑을 입으며
주님을 찾는 자들이 그분을 발견합니다.

겸손하게 주님의 지혜를 구할 때,
하나님의 말씀이 우리 삶 속에 살아 움직이며
우리의 걸음을 의의 길로 인도하실 것입니다.

나의 묵상

참으로 지혜는 진주보다 좋으며, 네가 갖고 싶어하는
그 어떤 것도 이것과 비교할 수 없다
주님을 경외하는 것은 악을 미워하는 것이다
나는 교만과 오만, 악한 행실과 거짓된 입을 미워한다

잠언 9장

지혜와 어리석음

1 지혜가 일곱 기둥을 깎아 세워서 제 집을 짓고,

2 짐승을 잡고, 포도주를 잘 빚어서, 잔칫상을 차린 다음에,

3 시녀들을 보내어, 성읍 높은 곳에서 외치게 하였다.

4 "어수룩한 사람은 누구나 이리로 발길을 돌려라."
지각이 모자라는 사람도 초청하라고 하였다.

5 "와서 내가 차린 음식을 먹고, 내가 잘 빚은 포도주를 마셔라.

6 어수룩한 길을 내버리고, 생명을 얻어라. 명철의 길을 따라가거라" 하였다.

참 지혜

7 거만한 사람을 훈계하면 수치를 당할 수 있고,
사악한 사람을 책망하면 비난을 받을 수 있다.

8 거만한 사람을 책망하지 말아라. 그가 너를 미워할까 두렵다.
지혜로운 사람은 꾸짖어라. 그가 너를 사랑할 것이다.

9 지혜로운 사람은 훈계를 할수록 더욱 지혜로워지고
의로운 사람은 가르칠수록 학식이 더할 것이다.

10 주님을 경외하는 것이 지혜의 근본이요,
거룩하신 이를 아는 것이 슬기의 근본이다.

11 나 지혜로 말미암아 네가 오래 살 것이요, 네 수명도 길어질 것이다.

12 네가 지혜로우면 그 지혜가 네게 유익하지만,
네가 거만하면 그 거만이 너만 해롭게 할 것이다.

어리석은 여자

13 어리석은 여자는 수다스럽다. 지각이 없으니, 아는 것이 아무것도 없다.

14 그러한 여자는 자기 집 문 앞에 앉거나, 마을 높은 곳에 앉아서,

15 제 갈 길만 바쁘게 가는 사람에게

16 "어수룩한 사람은 누구나 이리로 발길을 돌려라" 하고 소리친다.
지각이 모자라는 사람에게도 이르기를

17 "훔쳐서 마시는 물이 더 달고, 몰래 먹는 빵이 더 맛있다" 하고 말한다.

18 그런데도 어리석은 사람은, 죽음의 그늘이 바로 그곳에 드리워져
있다는 것을 모른다. 그 여자를 찾아온 사람마다 이미 스올의 깊은 곳에
가있다는 것을, 그 어리석은 사람은 알지 못한다.

월 일

하나님을 경외하는 것이
지혜의 기초이며
거룩한 분을 아는 것이
명철의 시작입니다.

하나님의 말씀은 모두에게 동일하게 적용됩니다.
한 구절도 내게 적용되지 않는 구절은 없습니다.

지혜를 따라 살아가려면
하나님의 말씀이 나를 이끌도록 해야 합니다.

세상의 소리가 아니라
하나님의 음성에 귀를 기울이고
하나님을 경외하며 살아가십시오.

나의 묵상

지혜로운 사람은 훈계를 할수록 더욱 지혜로워지고
의로운 사람은 가르칠수록 학식이 더할 것이다
주님을 경외하는것이 지혜의 근본이요,
거룩하신 이를 아는것이 슬기의 근본이다

잠언 10장

솔로몬의 잠언

1 이것은 솔로몬의 잠언이다. 지혜로운 아들은 아버지를 기쁘게 하지만,
미련한 아들은 어머니의 근심거리이다.

2 부정하게 모은 재물은 쓸모가 없지만, 의리는 죽을 사람도 건져낸다.

3 주님은 의로운 생명은 주리지 않게 하시지만, 악인의 탐욕은 물리치신다.

4 손이 게으른 사람은 가난하게 되고 손이 부지런한 사람은 부유하게 된다.

5 곡식이 익었을 때에 거두어들이는 아들은 지혜가 있는 아들이지만,
추수 때에 잠만 자고 있으면, 부끄러운 아들이다.

6 의인은 머리에 복을 이고 있으나, 악인은 입에 독을 머금고 있다.

7 의인은 칭찬을 받으며 기억되지만, 악인은 그 이름마저 기억에서 사라진다.

8 마음이 지혜로운 사람은 명령을 받아들이지만,
입을 어리석게 놀리는 사람은 멸망한다.

9 흠 없이 살면 앞길이 평안하지만, 그릇되게 살면 마침내 드러나게 된다.

10 눈을 흘기면 고난이 생기고, 입을 어리석게 놀리는 사람은 멸망한다.

11 의인의 입은 생명의 샘이지만, 악인의 입은 독을 머금고 있다.

12 미움은 다툼을 일으키지만, 사랑은 모든 허물을 덮어준다.

13 명철한 사람의 입술에는 지혜가 있지만,
지혜가 없는 사람의 등에는 매가 떨어진다.

14 지혜로운 사람은 지식을 간직하지만, 미련한 사람의 입은 멸망을 재촉한다.

15 부자의 재산은 그의 견고한 성이 되지만,
가난한 사람의 빈곤은 그를 망하게 한다.

16 의인의 수고는 생명에 이르고, 악인의 소득은 죄에 이른다.

17 훈계를 지키는 사람은 생명의 길에 이르지만,
책망을 저버리는 사람은 잘못된 길로 들어선다.

18 미움을 감추는 사람은 거짓말하는 사람이요,
남을 중상하는 사람은 미련한 사람이다.

19 말이 많으면 허물을 면하기 어려우나, 입을 조심하는 사람은 지혜가 있다.

20 의인의 혀는 순수한 은과 같지만, 악인의 마음은 아무 가치가 없다.

21 의인의 입술은 많은 사람을 먹여 살리지만,
어리석은 사람은 생각 없이 살다가 죽는다.

22 주님께서 복을 주셔서 부유하게 되는 것인데,
절대로 근심을 곁들여주시지 않는다.

23 미련한 사람은 나쁜 일을 저지르는 데서 낙을 누리지만,
명철한 사람은 지혜에서 낙을 누린다.

24 악인에게는 두려워하는 일이 닥쳐오지만,
의인에게는 바라는 일이 이루어진다.

25 회오리바람이 지나가면, 악인은 없어져도,
의인은 영원한 기초처럼 꼼짝하지 않는다.

26 게으른 사람은 부리는 사람에게, 이에 초 같고, 눈에 연기 같다.

27 주님을 경외하면 장수를 누리지만, 악인의 수명은 짧아진다.

28 의인의 희망은 기쁨을 거두지만, 악인의 희망은 끊어진다.

29 주님의 도가 정직한 사람에게는 힘이 되지만,
악행을 하는 사람에게는 멸망이 된다.

30 의인은 영원히 흔들리지 않지만, 악인은 땅에서 배겨내지 못한다.

31 의인의 입에서는 지혜가 나오지만, 거짓말하는 혀는 잘릴 것이다.

32 의인의 입술은 남을 기쁘게 하는 말이 무엇인지 알지만,
악인의 입은 거짓을 말할 뿐이다.

월 일

선을 따를 것인가, 악을 좇을 것인가는
우리에게 달려있습니다.

미움은 다툼을 일으키지만
사랑은 허다한 허물을 덮습니다.

내 주변에 분쟁과 시기가 만연하다면
악한 행위의 시작점을 찾아보아야 합니다.

주님에게 지혜를 구하십시오.
주님이 우리에게 그러하셨듯
그분이 원하시는 지혜의 자리에 거하며
사랑으로 선을 행하십시오.

나의 묵상

미움은 다툼을 일으키지만,
사랑은 모든 허물을 덮어준다
주님께서 복을 주셔서 부유하게 되는 것인데,
절대로 근심을 곁들여 주시지 않는다

잠언 11장

언행을 조심하라

1 속이는 저울은 주님께서 미워하셔도, 정확한 저울추는 주님께서 기뻐하신다.

2 교만한 사람에게는 수치가 따르지만, 겸손한 사람에게는 지혜가 따른다.

3 정직한 사람은 성실하게 살아, 바른길로 가지만,
사기꾼은 속임수를 쓰다가 제 꾀에 빠져 멸망한다.

4 재물은 진노의 날에 쓸모가 없지만, 의리는 죽을 사람도 건져낸다.

5 흠 없는 사람은 그의 옳은 행실로 그가 사는 길을 곧게 하지만,
악한 사람은 자신의 악 때문에 쓰러진다.

6 정직한 사람의 옳은 행실은 그를 구원하지만,
반역하는 사람은 제 욕심에 걸려 넘어진다.

7 악인은 죽을 때에 그들의 희망도 함께 끊어지고,
불의에 걸었던 기대도 물거품이 된다.

8 의인은 재난에 빠져도 구원을 받지만,
악인은 오히려 재난 속으로 빠져들어간다.

9 하나님을 경외하지 않는 사람은 입으로 이웃을 망하게 하지만,
의인은 지식으로 구원을 얻는다.

10 의인이 잘되면 마을이 기뻐하고, 악인이 망하면 마을이 환호한다.

11 정직한 사람이 축복하면 마을이 흥하고, 악한 사람이 입을 열면 마을이 망한다.

12 지혜가 없는 사람은 이웃을 비웃지만, 명철한 사람은 침묵을 지킨다.

13 험담하며 돌아다니는 사람은 남의 비밀을 새게 하지만,
마음이 믿음직한 사람은 비밀을 지킨다.

14 지도자가 없으면 백성이 망하지만, 참모가 많으면 평안을 누린다.

15 모르는 사람의 보증을 서면 고통을 당하지만,
보증 서기를 거절하면 안전하다.

월 일

16 덕이 있는 여자는 존경을 받고, 부지런한 남자는 재물을 얻는다.

17 인자한 사람은 자기의 생명을 이롭게 하고, 잔인한 사람은 자기의 몸을 해친다.

18 악인에게 돌아오는 삯은 헛것이지만, 정의를 심는 사람은 참 보상을 받는다.

19 정의에 굳게 서는 사람은 생명에 이르지만, 악을 따르는 사람은 죽음에 이른다.

20 주님은 마음이 비뚤어진 사람은 미워하시지만,
올바른 길을 걷는 사람은 기뻐하신다.

21 악인은 틀림없이 벌을 받지만, 의인의 자손은 반드시 구원을 받는다.

22 아름다운 여인이 삼가지 아니하는 것은 돼지 코에 금 고리 격이다.

23 의인이 바라는 것은 좋은 일뿐이지만, 악인이 기대할 것은 진노뿐이다.

24 남에게 나누어주는데도 더욱 부유해지는 사람이 있는가 하면,
마땅히 쓸 것까지 아끼는데도 가난해지는 사람이 있다.

25 남에게 베풀기를 좋아하는 사람이 부유해지고, 남에게 마실 물을 주면,
자신도 갈증을 면한다.

26 곡식을 저장하여두기만 하는 사람은 백성에게 저주를 받고,
그것을 내어 파는 사람에게는 복이 돌아온다.

27 좋은 일을 애써 찾으면 은총을 받지만, 나쁜 일을 애써 추구하면
나쁜 것을 되받는다.

28 자기의 재산만을 믿는 사람은 넘어지지만,
의인은 푸른 나뭇잎처럼 번성한다.

29 자기 집을 해치는 사람은 바람만 물려받을 것이요,
어리석은 사람은 마음이 지혜로운 사람의 종이 될 것이다.

30 의인이 받는 열매는 생명의 나무요, 폭력을 쓰는 사람은 생명을 잃는다.

31 의인이 이 땅에서 한 대로 보상을 받는데,
악인과 죄인이 그 값을 치르지 않겠는가?

월　　일

내가 가진 모든 것은 하나님의 것입니다.

하나님은 '청지기'로 살아가는 이들의
필요를 채워주시고, 기쁨으로 더 많은 것을 맡겨주십니다.

재물 쌓기에 급급한 사람이 되지 마십시오.
가진 것을 하나님의 시선이 머무는 곳,
따뜻함이 필요한 곳에 흘려보내는
지혜로운 사람이 되십시오.

나누는 크기는 중요하지 않습니다.
더 넉넉해진 후에 나누겠다고 생각하기보다는
지금, 하나님이 보여주시는 곳에 흘려보내십시오.

하나님이 주신 것에 감사하며,
더 많이 베풀고 나누는
축복의 삶을 살길 원합니다.

나의 묵상

험담하며 돌아다니는 사람은 남의 비밀을 새게 하지만,
마음이 믿음직한 사람은 비밀을 지킨다
남에게 나누어주는데도 더욱 부유해지는 사람이 있는가 하면,
마땅히 쓸것까지 아끼는데도 가난해지는 사람이 있다

잠언 12장

악의 그늘에 못 숨는다

1 훈계받기를 좋아하는 사람은 지식을 사랑하지만,
책망받기를 싫어하는 사람은 짐승같이 우둔하다.

2 선한 사람은 주님으로부터 은총을 받지만,
악을 꾀하는 사람은 정죄를 받는다.

3 사람은 악행으로 터를 굳게 세울 수 없지만,
의인의 뿌리는 흔들리지 않는다.

4 어진 아내는 남편의 면류관이지만,
욕을 끼치는 아내는 남편의 뼛속을 썩게 한다.

5 의인의 생각은 곧지만, 악인의 궁리는 속임수뿐이다.

6 악인이 하는 말은 피 흘릴 음모뿐이지만,
정직한 사람의 말은 사람을 구하여낸다.

7 악인은 쓰러져서 사라지지만, 의인의 집은 든든히 서있다.

8 사람은 그 지혜대로 칭찬을 받지만 마음이 비뚤어진 사람은 멸시를 받는다.

9 업신여김을 받더라도 종을 부리는 사람은,
스스로 높은 체하면서 먹을 빵이 없는 사람보다 낫다.

10 의인은 집짐승의 생명도 돌보아주지만,
악인은 자비를 베푼다고 하여도 잔인하다.

11 밭을 가는 사람은 먹을 것이 넉넉하지만,
헛된 것을 꿈꾸는 사람은 지각이 없다.

12 악인은 불의한 이익을 탐하지만, 의인은 그 뿌리로 말미암아 열매를 맺는다.

13 악인은 입술을 잘못 놀려 덫에 걸리지만, 의인은 재난에서 벗어난다.

14 사람은 열매 맺는 말을 하여 좋은 것을 넉넉하게 얻으며,
자기가 손수 일한 만큼 되돌려받는다.

15 어리석은 사람은 자신의 행실만이 옳다고 여기지만,
지혜로운 사람은 충고에 귀를 기울인다.
16 미련한 사람은 쉽게 화를 내지만, 슬기로운 사람은 모욕을 참는다.
17 진실을 말하는 사람은 정직한 증거를 보이지만, 거짓 증인은 속임수만 쓴다.
18 함부로 말하는 사람의 말은 비수 같아도,
지혜로운 사람의 말은 아픈 곳을 낫게 하는 약이다.
19 진실한 말은 영원히 남지만, 거짓말은 한순간만 통할 뿐이다.
20 악을 꾀하는 사람의 마음에는 속임수가 들어있지만,
평화를 꾀하는 사람에게는 기쁨이 있다.
21 의인은 아무런 해도 입지 않지만, 악인은 재난에 파묻혀 산다.
22 주님은 거짓말을 하는 입술은 미워하시지만,
진실하게 사는 사람은 기뻐하신다.
23 슬기로운 사람은 지식을 감추어두어도,
미련한 사람의 마음은 어리석음을 전파한다.
24 부지런한 사람의 손은 남을 다스리지만,
게으른 사람은 남의 부림을 받는다.
25 마음에 근심이 있으면 번민이 일지만,
좋은 말 한마디로도 사람을 기쁘게 할 수 있다.
26 의인은 이웃에게 바른길을 보여주지만,
악인은 이웃을 나쁜 길로 빠져들게 한다.
27 게으른 사람은 사냥한 것도 불에 구우려 하지 않지만,
부지런한 사람은 귀한 재물을 얻는다.
28 의로운 사람의 길에는 생명이 있지만,
미련한 사람의 길은 죽음으로 이끈다.

월 일

하나님은 거짓된 말을 싫어하시고
진실한 말과 행위를 기뻐하십니다.

말은 상처를 주는 날카로운 칼날이 되기도 하고
상처를 치료하는 약이 되기도 합니다.

지혜롭고 진실한 말은
사람을 바르게 세우고 기쁘게 합니다.
하지만 나를 드러내거나 남을 깎아내리는
거짓되고 어리석은 말은
다른 사람에게 상처와 근심을 줍니다.

당신은 어떤 말을 하고 있나요?

하나님 앞에 말과 행동이
'진실한' 사람이 되십시오.

하나님이 기뻐하시는 지혜로운 말과 행동으로
다른 사람을 세우고 살리는
'화평케 하는' 사람이 되십시오.

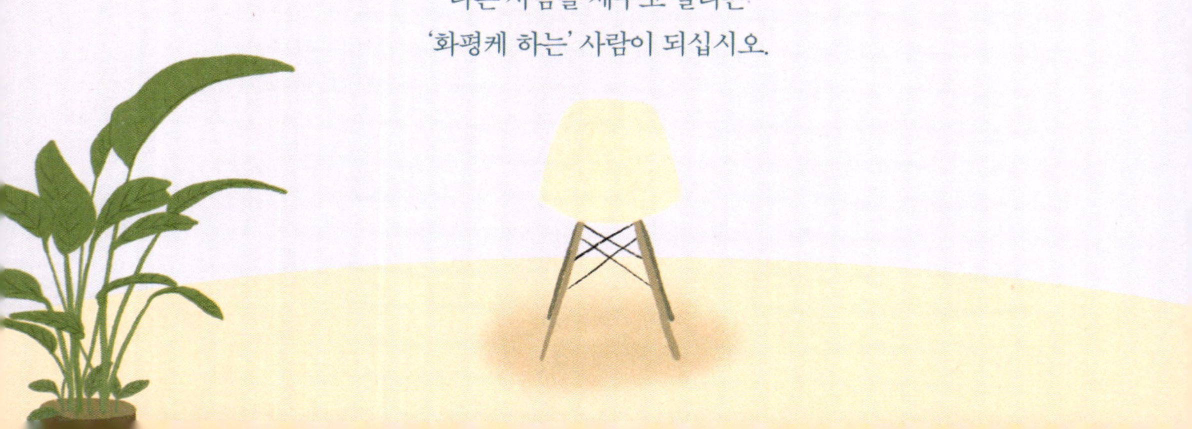

나의 묵상

함부로 말하는 사람의 말은 비수 같아도,
지혜로운 사람의 말은 아픈 곳을 낫게 하는 약이다
주님은 거짓말을 하는 입술은 미워하시지만,
진실하게 사는 사람은 기뻐하신다

적절한 대답은

사람을 기쁘게 하니,

알맞은 말이 제때에 나오면 참 즐겁다.

잠 15:23

잠언 13장

지혜 있는 친구를 사귀어라

1 지혜로운 아들딸들은 아버지의 가르침을 듣지만,
거만한 사람은 꾸지람을 듣지 않는다.

2 선한 사람은 열매 맺는 말을 하여 좋은 것을 넉넉하게 얻지만,
반역자는 폭행을 당할 뿐이다.

3 말을 조심하는 사람은 자신의 생명을 보존하지만,
입을 함부로 여는 사람은 자신을 파멸시킨다.

4 게으른 사람은 아무리 바라는 것이 있어도 얻지 못하지만,
부지런한 사람의 마음은 바라는 것을 넉넉하게 얻는다.

5 의인은 거짓말하기를 싫어하지만,
악인은 염치도 없이 수치스러운 일을 한다.

6 흠 없이 사는 사람의 의는 그의 길을 지켜주지만,
죄인의 악은 그를 망하게 한다.

7 부자인 체하나 아무것도 없는 사람이 있는가 하면,
가난한 체하나 많은 재물을 가진 사람이 있다.

8 부유한 사람은 재물로 자기 목숨을 속하기도 하지만,
가난한 사람은 협박을 받을 일이 없다.

9 의인의 빛은 밝게 빛나지만, 악인의 등불은 꺼져버린다.

10 교만에서는 다툼만 일어날 뿐이다. 지혜 있는 사람은 충고를 받아들인다.

11 쉽게 얻은 재산은 줄어드나, 손수 모은 재산은 늘어난다.

12 소망이 이루어지지 않으면 마음이 병들지만,
소원이 이루어지면 생명 나무를 얻는다.

월 일

13 말씀을 멸시하는 사람은 스스로 망하지만,
계명을 두려워하는 사람은 상을 받는다.
14 지혜 있는 사람의 가르침은 생명의 샘이니,
죽음의 그물에서 벗어나게 한다.
15 선한 지혜는 은혜를 베푸나,
배신자의 길은 스스로 멸망하는 길이다.
16 영리한 사람은 잘 알고 행동하지만,
미련한 사람은 어리석음만을 드러낸다.
17 못된 전령은 사람을 재앙에 빠지게 하지만,
충직한 사신은 재앙을 물리치는 일을 한다.
18 훈계를 저버리면 가난과 수치가 닥치지만,
꾸지람을 받아들이면 존경을 받는다.
19 소원이 이루어지면 마음이 즐겁지만,
미련한 사람은 악에서 떠나기를 싫어한다.
20 지혜로운 사람과 함께 다니면 지혜를 얻지만,
미련한 사람과 사귀면 해를 입는다.
21 죄인에게는 재앙이 따르지만, 의인에게는 좋은 보상이 따른다.
22 선한 사람의 유산은 자손 대대로 이어지지만,
죄인의 재산은 의인에게 주려고 쌓은 것이다.
23 가난한 사람이 경작한 밭에서는 많은 소출이 날 수도 있으나,
불의가 판을 치면 그에게 돌아갈 몫이 없다.
24 매를 아끼는 것은 자식을 사랑하지 않는 것이다.
자식을 사랑하는 사람은 훈계를 게을리하지 않는다.
25 의인은 배불리 먹지만, 악인은 배를 주린다.

월 일

하나님이 성경 말씀이나
사람을 통해 주시는 교훈과 책망은
우리를 정죄하기 위함이 아니라 살리기 위함입니다.

교만한 사람은 이 책망과 교훈을
거부하고 모른 체합니다.
그러나 지혜로운 사람은 하나님의 말씀을
받아들이고 삶에 적용하려 합니다.

고집과 쓸데없는 자존심이 아직 살아있다면
겸손히 자신을 낮추고
말씀에 귀를 기울이십시오.

하나님과 동행하며 그 말씀을 따르는 것이
참으로 복된 인생입니다.

나의 묵상

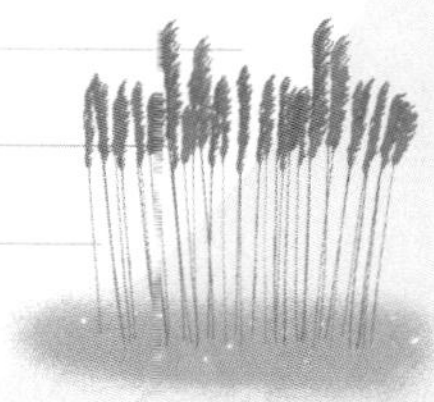

게으른 사람은 아무리 바라는 것이 있어도 얻지 못하지만,
부지런한 사람의 마음은 바라는것을 넉넉하게 얻는다
말씀을 멸시하는 사람은 스스로 망하지만,
계명을 두려워하는 사람은 상을 받는다

잠언 14장

지혜가 주는 유익

1 지혜로운 여자는 집을 세우지만, 어리석은 여자는
제 손으로 집을 무너뜨린다.

2 바른길을 걷는 사람은 주님을 경외하지만,
그릇된 길을 걷는 사람은 주님을 경멸한다.

3 미련한 사람의 말은 교만하여 매를 자청하지만,
지혜로운 사람의 말은 그를 지켜준다.

4 소가 없으면 구유는 깨끗하지만, 소가 힘을 쓰면 소출이 많아진다.

5 진실한 증인은 거짓말을 아니하여도, 거짓 증인은 거짓말을 뱉는다.

6 거만한 사람은 지혜를 구해도 얻지 못하지만,
명철한 사람은 쉽게 지식을 얻는다.

7 미련한 사람의 앞을 떠나라. 네가 그의 말에서 지식을 배우지 못할 것이다.

8 슬기로운 사람의 지혜는 자기가 가는 길을 깨닫게 하지만,
미련한 사람의 어리석음은 자기를 속인다.

9 어리석은 사람은 속죄제사를 우습게 여기지만,
정직한 사람은 하나님의 은총을 누린다.

10 마음의 고통은 자기만 알고, 마음의 기쁨도 남이 나누어 가지지 못한다.

11 악한 사람의 집은 망하고, 정직한 사람의 장막은 흥한다.

12 사람의 눈에는 바른길같이 보이나, 마침내는 죽음에 이르는 길이 있다.

13 웃어도 마음이 아플 때가 있고, 즐거워도 끝에 가서 슬플 때가 있다.

월 일

14 마음이 비뚤어진 사람은 자기가 한 만큼 보응을 받고,
선한 사람도 자기가 한 만큼 보응을 받는다.

15 어수룩한 사람은 모든 말을 다 믿지만, 슬기로운 사람은 행동을 삼간다.

16 지혜 있는 사람은 두려워할 줄 알아서 악을 피하지만,
미련한 사람은 자신만만해서 조심할 줄을 모른다.

17 성을 잘 내는 사람은 어리석은 일을 하고,
음모를 꾸미는 사람은 미움을 받는다.

18 어수룩한 사람은 어수룩함을 유산으로 삼지만,
슬기로운 사람은 지식을 면류관으로 삼는다.

19 악인은 선한 사람 앞에 엎드리고,
불의한 사람은 의인의 문 앞에 엎드린다.

20 가난한 사람은 이웃에게도 미움을 받지만,
부자에게는 많은 친구가 따른다.

21 이웃을 멸시하는 사람은 죄를 짓는 사람이지만,
가난한 사람에게 은혜를 베푸는 사람은 복이 있는 사람이다.

22 악을 꾀하는 사람은 길을 잘못 가는 것이나,
선을 계획하는 사람은 인자와 진리를 얻는다.

23 모든 수고에는 이득이 있는 법이지만,
말이 많으면 가난해질 뿐이다.

24 지혜는 지혜 있는 사람의 면류관이지만
어리석음은 미련한 사람의 화환이다.

월 일

25 증인이 진실을 말하면 남의 생명을 건지지만,
증인이 위증을 하면 배신자가 된다.

26 주님을 경외하면 강한 믿음이 생기고,
그 자식들에게도 피난처가 생긴다.

27 주님을 경외하는 것이 생명의 샘이니,
죽음의 그물에서 벗어나게 한다.

28 백성이 많은 것은 왕의 영광이지만,
백성이 적은 것은 통치자의 몰락이다.

29 좀처럼 성을 내지 않는 사람은 매우 명철한 사람이지만,
성미가 급한 사람은 어리석음만을 드러낸다.

30 마음이 평안하면 몸에 생기가 도나,
질투를 하면 뼈까지 썩는다.

31 가난한 사람을 억압하는 것은 그를 지으신 분을 모욕하는 것이지만,
궁핍한 사람에게 은혜를 베푸는 것은 그를 지으신 분을 공경하는 것이다.

32 악한 사람은 자기의 악행 때문에 넘어지지만,
의로운 사람은 죽음이 닥쳐도 피할 길이 있다.

33 지혜는 명철한 사람의 마음에 머물고,
미련한 사람 마음에는 알려지지 않는다.

34 정의는 나라를 높이지만, 죄는 민족을 욕되게 한다.

35 슬기로운 신하는 왕의 총애를 받지만,
수치스러운 일을 하는 신하는 왕의 분노를 산다.

월 일

하나님을 경외하는 지혜로운 사람은
하나님이 주신 물질로
가난한 이웃을 돌보고 섬깁니다.
예수님처럼 가난한 이들의 친구가 되어주고,
주님을 사랑하는 마음으로 선한 일을 행합니다.

하나님이 허락하신 물질과 재능을
가난한 이웃을 섬기는 데 사용하십시오.
아무리 작은 움직임일지라도
그분은 기쁨으로 받으십니다.

오늘, 내 주위의 마음이 가난한 자,
삶이 고달픈 자를 위해
내가 할 수 있는 섬김은 무엇이 있을까
깊이 생각해보십시오.

나의 묵상

어수룩한 사람은 어수룩함을 유산으로 삼지만,
슬기로운 사람은 지식을 면류관으로 삼는다
악한 사람은 자기의 악행 때문에 넘어지지만,
의로운 사람은 죽음이 닥쳐도 피할 길이 있다

잠언 15장

주님께서 보고 계신다

1 부드러운 대답은 분노를 가라앉히지만, 거친 말은 화를 돋운다.

2 지혜로운 사람의 혀는 좋은 지식을 베풀지만,
미련한 사람의 입은 어리석은 말만 쏟아낸다.

3 주님의 눈은 어느 곳에서든지, 악한 사람과 선한 사람을 모두 지켜보신다.

4 따뜻한 말은 생명 나무와 같지만, 가시 돋힌 말은 마음을 상하게 한다.

5 어리석은 사람은 자기 아버지의 훈계를 업신여기지만,
명철한 사람은 아버지의 책망을 간직한다.

6 의인의 집에는 많은 재물이 쌓이나, 악인의 소득은 고통을 가져온다.

7 지혜로운 사람의 입술은 지식을 전파하지만,
미련한 사람의 마음에는 그러한 생각이 없다.

8 악한 사람의 제사는 주님께서 역겨워하시지만,
정직한 사람의 기도는 주님께서 기뻐하신다.

9 악한 사람의 길은 주님께서 싫어하시지만,
정의를 따르는 사람은 주님께서 사랑하신다.

10 옳은 길을 저버리는 사람은 엄한 징계를 받고,
책망을 싫어하는 사람은 죽임을 당할 것이다.

11 '죽음'과 '파멸'도 주님 앞에서 드러나거늘,
사람의 마음이야 더욱 그러하지 않겠는가!

12 거만한 사람은 자기를 책망하는 사람을 좋아하지 않으며,
지혜 있는 사람을 찾아가지도 않는다.

월 일

13 즐거운 마음은 얼굴을 밝게 하지만,
근심하는 마음은 너를 상하게 한다.

14 명철한 사람의 마음은 지식을 찾지만,
미련한 사람의 입은 어리석음을 즐긴다.

15 고난받는 사람에게는 모든 날이 다 불행한 날이지만,
마음이 즐거운 사람에게는 모든 날이 잔칫날이다.

16 재산이 적어도 주님을 경외하며 사는 것이,
재산이 많아서 다투며 사는 것보다 낫다.

17 서로 사랑하며 채소를 먹고 사는 것이,
서로 미워하며 기름진 쇠고기를 먹고 사는 것보다 낫다.

18 화를 쉽게 내는 사람은 다툼을 일으키지만,
성을 더디 내는 사람은 싸움을 그치게 한다.

19 게으른 사람의 길은 가시덤불로 덮여있는 것 같지만,
부지런한 사람의 길은 확 트인 큰길과 같다.

20 지혜로운 아들은 아버지를 기쁘게 하지만,
미련한 아들은 어머니를 업신여긴다.

21 생각이 모자라는 사람은 미련함을 즐기지만,
명철한 사람은 길을 바로 걷는다.

22 의논 없이 세워진 계획은 실패하지만,
조언자들이 많으면 그 계획이 이루어진다.

월 일

23 적절한 대답은 사람을 기쁘게 하니, 알맞은 말이 제때에 나오면 참 즐겁다.

24 슬기로운 사람이 걷는 생명의 길은 위쪽으로 나있어서,
아래로 난 스올 길을 벗어난다.

25 주님은 거만한 사람의 집을 헐어버리시지만,
과부가 사는 곳의 경계선은 튼튼히 세워주신다.

26 악한 사람의 꾀는 주님께서 역겨워하시지만,
친절한 사람의 말은 정결한 제물처럼 받으신다.

27 불의한 이익을 탐내는 사람은 자기 집에 해를 끼치지만,
뇌물을 거절하는사람은 오래 산다.

28 의인의 마음은 대답할 말을 깊이 생각하지만,
악인의 입은 악한 말을 쏟아낸다.

29 주님은 악인을 멀리하시지만, 의인의 기도는 들어주신다.

30 밝은 얼굴은 사람을 기쁘게 하고, 좋은 소식은 사람을 낫게 한다.

31 목숨을 살리는 책망에 귀 기울이는 사람은 지혜로운 사람들 사이에
자리를 잡는다.

32 훈계를 싫어하는 사람은 자기 생명을 가볍게 여기는 사람이지만,
책망을 잘 듣는 사람은 지식을 얻는 사람이다.

33 주님을 경외하라는 것은 지혜가 주는 훈계이다. 겸손하면 영광이 따른다.

월　　　일

하나님을 섬기며 서로 믿고 사랑하는 가정이
참으로 복된 가정입니다.

세상의 어떤 금은보화로도
'가족이 주는 행복'을 살 수 없습니다.

가정의 행복은
물질의 많고 적음에 달린 것이 아니라,
하나님을 사랑하고 서로 사랑하는 데 달려있습니다.

고난 중에도 위로하시고 함께하시는
하나님으로 즐거워하며, 비록 물질은 부족해도
서로를 향한 사랑만큼은
풍족한 가정이 되십시오.

온 가족이 하나님을 섬기고 서로 사랑하며
그분의 사랑을 온전히 전하는
복된 가정이 되기를 기도합니다.

나의 묵상

고난 받는 사람에게는 모든 날이 다 불행한 날이지만,
마음이 즐거운 사람에게는 모든 날이 잔칫날이다
화를 쉽게 내는 사람은 다툼을 일으키지만,
성을 더디 내는 사람은 싸움을 그치게 한다

잠언 16장

주님께서 결정하신다

1 계획은 사람이 세우지만, 결정은 주님께서 하신다.

2 사람의 행위는 자기 눈에는 모두 깨끗하게 보이나,
주님께서는 속마음을 꿰뚫어 보신다.

3 네가 하는 일을 주님께 맡기면, 계획하는 일이 이루어질 것이다.

4 주님께서는 모든 것을 그 쓰임에 알맞게 만드셨으니,
악인은 재앙의 날에 쓰일 것이다.

5 주님께서는 마음이 거만한 모든 사람을 역겨워하시니,
그들은 틀림없이 벌을 받을 것이다.

6 사람이 어질고 진실하게 살면 죄를 용서받고,
주님을 경외하면 재앙을 피할 수 있다.

7 사람의 행실이 주님을 기쁘시게 하면,
그의 원수라도 그와 화목하게 하여주신다.

8 의롭게 살며 적게 버는 것이,
불의하게 살며 많이 버는 것보다 낫다.

9 사람이 마음으로 자기의 앞길을 계획하지만,
그 발걸음을 인도하시는 분은 주님이시다.

10 왕이 내리는 판결은 하나님의 판결이니,
판결할 때에 그릇된 판결을 내리지 않는다.

11 정확한 저울과 천평은 주님의 것이며,
주머니 속의 저울추도 다 그분이 만드신 것이다.

월　　　일

12 왕은 악행을 하는 것을 역겨워하여야 한다.
공의로만 왕위가 굳게 설 수 있기 때문이다.
13 왕은 공의로운 말을 하는 것을 기쁘게 여겨야 하고,
올바른 말하기를 좋아하여야 한다.
14 왕의 진노는 저승사자와 같지만,
지혜로운 사람은 왕의 진노를 가라앉힌다.
15 왕의 얼굴빛이 밝아야 모두 살 수 있다.
그의 기쁨은 봄비를 몰고 오는 구름과 같다.
16 지혜를 얻는 것이 금을 얻는 것보다 낫고,
명철을 얻는 것이 은을 얻는 것보다 낫다.
17 악을 떠나는 것은 정직한 사람이 가는 큰길이니,
그 길을 지키는 사람은 자기의 생명을 지킨다.
18 교만에는 멸망이 따르고, 거만에는 파멸이 따른다.
19 겸손한 사람과 어울려 마음을 낮추는 것이,
거만한 사람과 어울려 전리품을 나누는 것보다 낫다.
20 말씀에 따라 조심하며 사는 사람은 일이 잘되고,
주님을 믿는 사람은 행복하다.
21 마음이 지혜로운 사람을 명철하다 한다.
말이 부드러우면, 더욱 많은 지혜를 가르친다.
22 명철한 사람에게는 그 명철함이 생명의 샘이 되지만,
어리석은 사람에게는 그 어리석음이 벌이 된다.

월 일

23 마음이 지혜로운 사람은 말을 신중하게 하고, 하는 말에 설득력이 있다.
24 선한 말은 꿀송이 같아서, 마음을 즐겁게 하여주고,
쑤시는 뼈를 낫게 하여준다.
25 사람의 눈에는 바른길같이 보이나,
마침내는 죽음에 이르는 길이 있다.
26 허기진 배가 일하게 만들고 그 입이 사람을 몰아세운다.
27 불량한 사람은 악을 꾀한다. 그들의 말은 맹렬한 불과 같다.
28 비뚤어진 말을 하는 사람은 다툼을 일으키고,
중상하는 사람은 친한 벗들을 이간시킨다.
29 폭력을 쓰는 사람은 그 이웃을 윽박질러서,
좋지 않은 길을 가게 한다.
30 눈짓을 하는 사람은 그릇된 일을 꾀하고,
음흉하게 웃는 사람은 악한 일을 저지른다.
31 백발은 영화로운 면류관이니, 의로운 길을 걸어야 그것을 얻는다.
32 노하기를 더디 하는 사람은 용사보다 낫고,
자기의 마음을 다스리는 사람은 성을 점령한 사람보다 낫다.
33 제비는 사람이 뽑지만, 결정은 주님께서 하신다.

월 일

하나님은 사람의 마음을 감찰하시며
행위의 동기를 다 아십니다.

우리가 무언가를 계획할지라도
일을 이루시는 분은 하나님이십니다.

모든 것을 그분께 맡기고
그 뜻을 구하는 삶을 살면,
우리의 기도를 들으시고
모든 필요를 채워주십니다.

당신이 어떤 모습으로,
어떤 역할로 쓰임받고 있든
모든 일의 계획과 동기를
하나님께 온전히 맡겨드리십시오.

나의 묵상

사람의 행실이 주님을 기쁘시게 하면,
그의 원수라도 그와 화목하게 하여주신다
사람이 마음으로 자기의 앞길을 계획하지만,
그 발걸음을 인도하시는 분은 주님이시다

잠언 17장

주님께서 우리의 생각을 살피신다

1 마른 빵 한 조각을 먹으며 화목하게 지내는 것이,
진수성찬을 가득히 차린 집에서 다투며 사는 것보다 낫다.

2 슬기로운 종은 부끄러운 일을 하는 주인집 아들을 다스리고,
그 집 자녀들과 함께 유산을 나누어 받는다.

3 도가니는 은을, 화덕은 금을 단련하지만,
주님께서는 사람의 마음을 단련하신다.

4 악을 행하는 사람은 사악한 말에 솔깃하고,
거짓말을 하는 사람은 중상하는 말에 귀를 기울인다.

5 가난한 사람을 조롱하는 것은 그를 지으신 분을 모욕하는 것이다.
남의 재앙을 기뻐하는 사람은 형벌을 면하지 못한다.

6 손자는 노인의 면류관이요, 어버이는 자식의 영광이다.

7 거만한 말이 미련한 사람에게는 안 어울린다.
하물며 거짓말이 통치자에게 어울리겠느냐?

8 뇌물을 쓰는 사람의 눈에는 뇌물이 요술방망이처럼 보인다.
어디에 쓰든 안 되는 일이 없다.

9 허물을 덮어주면 사랑을 받고, 허물을 거듭 말하면 친구를 갈라놓는다.

10 미련한 사람을 백 번 매질하는 것보다 슬기로운 사람을
한 번 징계하는 것이 더 효과가 있다.

11 반역만을 꾀하는 악한 사람은 마침내 잔인한 사신의 방문을 받는다.

12 어리석은 일을 하는 미련한 사람을 만나느니,
차라리 새끼 빼앗긴 암곰을 만나라.

13 악으로 선을 갚으면, 그의 집에서 재앙이 떠나지 않는다.

월 일

14 다툼의 시작은 둑에서 물이 새어 나오는 것과 같으니,
싸움은 일어나기 전에 그만두어라.
15 악인을 의롭다고 하거나, 의인을 악하다고 하는 것은,
둘 다 주님께서 싫어하신다.
16 미련한 사람의 손에 돈이 있은들, 배울 마음이 없으니 어찌 지혜를 얻겠느냐?
17 사랑이 언제나 끊어지지 않는 것이 친구이고,
고난을 함께 나누도록 태어난 것이 혈육이다.
18 지각없는 사람 서약 함부로 하고, 남의 빚보증 잘 선다.
19 벌받기를 좋아하는 사람은 싸우기를 좋아한다.
패가망신을 원하는 사람은 집을 치장하기를 좋아한다.
20 마음이 비뚤어진 사람은 복을 얻지 못하고,
거짓말만 하는 혀를 가진 사람은 재앙에 빠진다.
21 미련한 자식을 둔 부모는 걱정이 그칠 새가 없고,
어리석은 자식을 둔 부모는 기쁨이 없다.
22 즐거운 마음은 병을 낫게 하지만, 근심하는 마음은 뼈를 마르게 한다.
23 악인은 가슴에 안겨준 뇌물을 먹고서, 재판을 그르친다.
24 슬기로운 사람의 눈은 지혜를 가까이에서 찾지만,
미련한 사람은 눈을 땅끝에 둔다.
25 미련한 자식은 아버지의 근심이고, 어머니의 고통이다.
26 의로운 사람을 벌주는 것은 옳은 일이 아니다.
존귀한 사람을 정직하다고 하여 때리는 것도 바른 일이 아니다.
27 아는 것이 많은 사람은 말을 삼가고, 슬기로운 사람은 정신이 냉철하다.
28 어리석은 사람도 조용하면 지혜로워 보이고,
입술을 다물고 있으면 슬기로워 보인다.

월　　　일

신앙의 여정을 걸어가며
시련과 시험을 만날 때가 있습니다.

고통, 낙심, 분노, 불평이 쏟아지는 상황에서도
감사와 찬양을 고백할 수 있는 이유는
'죄인을 의인으로 여겨주시는'
하나님의 다함없는 은혜가 우리를 향하기 때문입니다.

고난은 나를 더욱 정결하고 온전케 하시려는
하나님의 제련 과정입니다.
지금 당신은 어떤 부분을 연단받고 있나요?

이 시간을 통해 하나님이
당신의 뾰족하고 모난 부분을
그분이 보시기에 가장 아름다운 모양으로
다듬어가실 것을 기대하십시오.

어떤 상황에서도 하나님을 신뢰하고,
찬양하기로 결단하십시오.

나의 묵상

도가니는 은을, 화덕은 금을 단련하지만,
주님께서는 사람의 마음을 단련하신다
미련한 사람을 백 번 매질하는 것보다
슬기로운 사람을 한 번 징계하는 것이 더 효과가 있다

잠언 18장

죄를 옹호하는 것은 잘못이다

1 다른 사람과 어울리지 못하는 사람은 자기 욕심만 채우려 하고,
건전한 판단력을 가진 사람을 적대시한다.

2 미련한 사람은 명철을 좋아하지 않으며, 오직 자기 의견만을 내세운다.

3 악한 사람이 오면 멸시가 뒤따르고, 부끄러운 일 뒤에는 모욕이 따른다.

4 슬기로운 사람의 입에서 나오는 말은 깊은 물과 같고,
지혜의 샘은 세차게 흐르는 강처럼 솟는다.

5 악인을 두둔하는 것과 재판에서 의인을 억울하게 하는 일은 옳지 않다.

6 미련한 사람의 입술은 다툼을 일으키고, 그 입은 매를 불러들인다.

7 미련한 사람의 입은 자기를 망하게 만들고,
그 입술은 올무가 되어 자신을 옭아맨다.

8 헐뜯기를 잘하는 사람의 말은 맛있는 음식과 같아서,
뱃속 깊은 데로 내려간다.

9 자기 일을 게을리하는 자는, 일을 망치는 자와 형제간이다.

10 주님의 이름은 견고한 성루이므로,
의인이 그곳으로 달려가면, 아무도 뒤쫓지 못한다.

11 부자의 재산은 그의 견고한 성이 되니,
그는 그것을 아무도 못 오를 높은 성벽처럼 여긴다.

12 사람의 마음이 오만하면 멸망이 뒤따르지만,
겸손하면 영광이 뒤따른다.

13 다 들어보지도 않고 대답하는 것은,
수모를 받기에 알맞은 어리석은 짓이다.

월 일

14 사람이 정신으로 병을 이길 수 있다지만, 그 정신이 꺾인다면,
누가 그를 일으킬 수 있겠느냐?
15 명철한 사람의 마음은 지식을 얻고,
지혜로운 사람의 귀는 지식을 구한다.
16 선물은 사람이 가는 길을 넓게 열어주고,
그를 높은 사람 앞으로 이끌어준다.
17 송사에서는 먼저 말하는 사람이 옳은 것 같으나,
상대방이 와보아야 사실이 밝혀진다.
18 제비를 뽑으면 다툼이 끝나고,
강한 사람들 사이의 논쟁이 판가름 난다.
19 노엽게 한 친척과 가까워지기는
견고한 성을 함락시키는 것보다 어려우니,
그 다툼은 마치 꺾이지 않는 성문의 빗장과 같다.
20 사람의 입에서 나오는 말의 열매가 사람의 배를 채워주고,
그 입술에서 나오는 말의 결과로 만족하게 된다.
21 죽고 사는 것이 혀의 힘에 달렸으니, 혀를 잘 쓰는 사람은 그 열매를 먹는다.
22 아내를 맞이한 사람은 복을 찾은 사람이요,
주님으로부터 은총을 받은 사람이다.
23 가난한 사람은 간절한 말로 구걸하지만,
부유한 사람은 엄한 말로 대답한다.
24 친구를 많이 둔 사람은 해를 입기도 하지만
동기간보다 더 가까운 친구도 있다.

월 일

잠언에는 우리가 일상에서 하나님을
올바르게 따르기 위한 지혜가 기록되어 있습니다.

특히 어리석은 자와 의인의 모습이
대조되어 계속 나타납니다.

말씀을 한 구절 한 구절 마음에 새기고
삶에 비추어 적용해보십시오.

18장은 '말'의 중요성을 재차 강조합니다.
미련한 자의 말은 욕심을 부추겨 갈등을 일으키지만,
지혜로운 자의 말은 샘물처럼 끊임없이 솟아
많은 사람을 살립니다.

내 입술의 말이 오직 하나님을 찬양하고
사람을 살리는 데 사용되기를 기도합니다.

나의 묵상

미련한 사람은 명철을 좋아하지 않으며,
오직 자기 의견만을 내세운다
주님의 이름은 견고한 성루이므로, 의인이 그곳으로 달려가면,
아무도 뒤쫓지 못한다

사람의 행위가 자기의 눈에는

모두 옳게 보이나,

주님께서는 그 마음을 꿰뚫어 보신다.

잠 21:2

잠언 19장

참는 것이 지혜

1 거짓말을 하며 미련하게 사는 사람보다는, 가난해도 흠 없이 사는 사람이 낫다.

2 지식이 없는 열심은 좋은 것이라 할 수 없고, 너무 서둘러도 발을 헛디딘다.

3 사람은 미련해서 스스로 길을 잘못 들고도, 마음속으로 주님을 원망한다.

4 재물은 친구를 많이 모으나, 궁핍하면 친구도 떠난다.

5 거짓 증인은 벌을 피할 수 없고, 거짓말을 하는 사람도 벌을 피할 길이 없다.

6 너그럽게 주는 사람에게는 은혜 입기를 원하는 사람이 많고,
선물을 잘 주는 사람에게는 모두가 친구이다.

7 가난하면 친척도 그를 싫어하는데, 하물며 친구가 그를 멀리하지 않겠느냐?
뒤따라가며 말을 붙이려 하여도, 아무런 소용이 없다.

8 지혜를 얻는 사람은 자기 영혼을 사랑하고,
명철을 지키는 사람은 복을 얻는다.

9 거짓 증인은 벌을 피할 수 없고, 거짓말을 하는 사람은 망하고 만다.

10 미련한 사람이 사치스럽게 사는 것도 마땅하지 않은데,
하물며 종이 고관들을 다스리는 것이랴?

11 노하기를 더디 하는 것은 사람의 슬기요,
허물을 덮어주는 것은 그의 영광이다.

12 왕의 분노는 사자가 소리 지르는 것과 같고,
그의 은혜는 풀 위에 내리는 이슬과 같다.

13 미련한 아들은 아버지에게 파멸을 가져다주고,
다투기를 잘하는 아내는 새는 천장에서 떨어지는 물과 같다.

14 집과 재물은 조상에게서 물려받은 유산이지만,
슬기로운 아내는 주님께서 주신다.

15 게으른 사람은 깊은 잠에 빠지고, 나태한 사람은 굶주릴 것이다.

월 일

16 계명을 지키는 사람은 제 목숨을 지키지만,
자기 행실을 주의하지 않는 사람은 죽는다.

17 가난한 사람에게 은혜를 베푸는 것은 주님께 꾸어드리는 것이니,
주님께서 그 선행을 넉넉하게 갚아주신다.

18 네 아들을 훈계하여라. 그래야 희망이 있다.
그러나 그를 죽일 생각은 품지 말아야 한다.

19 성격이 불같은 사람은 벌을 받는다. 네가 그를 구하여준다고 해도 그때뿐,
구하여줄 일이 또 생길 것이다.

20 충고를 듣고 훈계를 받아들여라. 그리하면 마침내 지혜롭게 된다.

21 사람의 마음에 많은 계획이 있어도, 성취되는 것은 오직 주님의 뜻뿐이다.

22 사람에게서 바랄 것은 성실이다. 거짓말쟁이가 되느니,
차라리 가난뱅이가 되는 것이 낫다.

23 주님을 경외하며 살면 생명을 얻는다.
그는 만족스러운 생활을 하며, 재앙을 만나지 않는다.

24 게으른 사람은 밥그릇에 손을 대고서도, 입에 떠 넣기를 귀찮아한다.

25 오만한 사람을 치면, 어수룩한 사람도 깨닫는다.
명철한 사람을 꾸짖으면, 그가 지식을 얻는다.

26 아버지를 구박하고 어머니를 쫓아내는 자식은,
부끄러움과 수치를 끌어들이는 자식이다.

27 아이들아, 지식의 말씀에서 벗어나게 하는 훈계는 듣지 말아라.

28 악한 증인은 정의를 비웃고, 악인의 입은 죄악을 통째로 삼킨다.

29 오만한 사람에게는 심판이 준비되어 있고,
미련한 사람의 등에는 매가 준비되어 있다.

월 일

하나님은 우리가
어떤 상황에도 불구하고
언제나 '선'을 선택하길 바라십니다.

우리는 가난할 때나, 부요할 때나
형편에 상관없이 주님을 찬양해야 합니다.

물질은 있다가도 사라지지만
주님이 주시는 지혜는 변함이 없고 영원합니다.

주님의 말씀을 길잡이 삼아 걸어가면
어떤 상황에도 흔들리지 않습니다.

나의 묵상

집과 재물은 조상에게서 물려받은 유산이지만,
슬기로운 아내는 주님께서 주신다
가난한 사람에게 은혜를 베푸는 것은
주님께 꾸어드리는 것이니
주님께서 그 선행을 넉넉하게 갚아주신다

잠언 20장

금보다 귀한 지혜

1 포도주는 사람을 거만하게 만들고, 독한 술은 사람을 소란스럽게 만든다.
이것에 빠지는 사람은 누구든지 지혜롭지 않다.

2 왕의 노여움은 사자의 부르짖음과 같으니, 그를 노하게 하면 목숨을 잃는다.

3 다툼을 멀리하는 것이 자랑스러운 일인데도,
어리석은 사람은 누구나 쉽게 다툰다.

4 게으른 사람은 제철에 밭을 갈지 않으니,
추수 때에 거두려고 하여도 거둘 것이 없다.

5 사람의 생각은 깊은 물과 같지만, 슬기로운 사람은 그것을 길어낸다.

6 스스로를 성실하다고 말하는 사람은 많으나,
누가 참으로 믿을 만한 사람을 만날 수 있느냐?

7 의인은 흠 없이 살며, 그의 자손이 복을 받는다.

8 재판석에 앉은 왕은 모든 악을 한눈에 가려낸다.

9 누가 "나는 마음이 깨끗하다. 나는 죄를 말끔히 씻었다" 하고
말할 수 있겠느냐?

10 규격에 맞지 않은 저울추와 되는 모두 주님께서 미워하시는 것이다.

11 비록 아이라 하여도 자기 행위로 사람됨을 드러낸다.
그가 하는 행실을 보면, 그가 깨끗한지 더러운지,
올바른지 그른지, 알 수 있다.

12 듣는 귀와 보는 눈, 이 둘은 다 주님께서 지으셨다.

13 가난하지 않으려면 잠을 좋아하지 말고,
먹거리를 풍족히 얻으려면 깨어있어라.

14 물건을 고를 때는 "나쁘다, 나쁘다" 하지만, 사 간 다음에는
잘 샀다고 자랑한다.

월 일

15 세상에 금도 있고 진주도 많이 있지만, 정말 귀한 보배는
지각 있게 말하는 입이다.

16 남의 보증을 선 사람은 자기의 옷을 잡혀야 하고,
모르는 사람의 보증을 선 사람은 자기의 몸을 잡혀야 한다.

17 사람들은 속여서 얻은 빵이 맛있다고 하지만,
훗날에 그 입에 모래가 가득 찰 것이다.

18 계획은 사람들의 뜻을 모아서 세우고, 전쟁은 전략을 세워놓고 하여라.

19 험담하며 돌아다니는 사람은 남의 비밀을 새게 하는 사람이니,
입을 벌리고 다니는 사람과는 어울리지 말아라.

20 부모를 저주하는 자식은 암흑 속에 있을 때에 등불이 꺼진다.

21 처음부터 빨리 모은 재산은 행복하게 끝을 맺지 못한다.

22 "악을 갚겠다" 하지 말아라. 주님을 기다리면, 그분이 너를 구원하신다.

23 규격에 맞지 않은 저울추는 주님께서 미워하신다. 속이는 저울은 나쁜 것이다.

24 사람의 발걸음은 주님으로 말미암은 것이니
사람이 어찌 자기의 길을 알 수 있겠느냐!

25 경솔하게 "이것은 거룩하다" 하여 함부로 서원하여놓고,
나중에 생각이 달라지는 것은, 사람이 걸리기 쉬운 올가미이다.

26 지혜로운 왕은 악인을 키질하며, 그들 위에 타작기의 바퀴를 굴린다.

27 주님은 사람의 영혼을 환히 비추시고,
사람의 마음속 깊은 곳까지 살펴보신다.

28 인자와 진리가 왕을 지켜주고, 정의가 그의 보좌를 튼튼하게 한다.

29 젊은이의 자랑은 힘이요, 노인의 영광은 백발이다.

30 상처가 나도록 때려야 악이 없어진다.
매는 사람의 속 깊은 곳까지 들어간다.

월 일

우리는 모든 일에
하나님의 자녀답게 행동해야 합니다.

순간을 모면하는 처세보다
매사에 성실을 추구해야 합니다.

손해 보지 않기 위해 자신에게 유리한 내용만 말하고,
더 많이 갖기 위해 남을 속이는 것은 옳지 않습니다.

당장은 내게 돌아오는 몫이 클 수 있지만,
정직한 자가 누리는 기쁨은 맛볼 수 없습니다.

코앞 상황만 바라보지 말고
하나님을 바라보십시오.

작은 이익보다 정직한 자에게
그분이 허락하실 더 큰 상을 기대하십시오.

나의 묵상

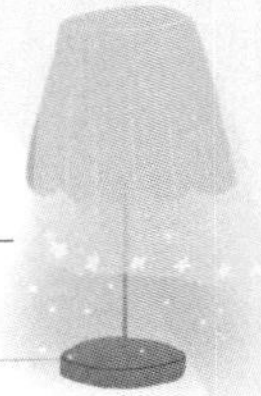

가난하지 않으려면 잠을 좋아하지 말고,
먹거리를 풍족히 얻으려면 깨어있어라
세상에 금도 있고 진주도 많이 있지만,
정말 귀한 보배는 지각 있게 말하는 입이다

잠언 21장

주님께서 이끄신다

1 왕의 마음은 흐르는 물줄기 같아서 주님의 손안에 있다.
주님께서 원하시는 대로 왕을 이끄신다.

2 사람의 행위는 자기의 눈에는 모두 옳게 보이나,
주님께서는 그 마음을 꿰뚫어 보신다.

3 주님께서는 정의와 공평을 지키며 사는 것을
제사를 드리는 일보다 더 반기신다.

4 거만한 눈과 오만한 마음, 이러한 죄는 악인을 구별하는 표지이다.

5 부지런한 사람의 계획은 반드시 이득을 얻지만,
성급한 사람은 가난해질 뿐이다.

6 속여서 모은 재산은, 너를 죽음으로 몰아넣고, 안개처럼 사라진다.

7 악인의 폭력은 자신을 멸망으로 이끄니,
그가 바르게 살기를 거부하기 때문이다.

8 죄인의 길은 구부러졌지만, 깨끗한 사람의 행실은 올바르다.

9 다투기를 좋아하는 여자와 넓은 집에서 함께 사는 것보다,
차라리 다락 한구석에서 혼자 사는 것이 더 낫다.

10 악인은 마음에 악한 것만을 바라니,
가까운 이웃에게도 은혜를 베풀지 못한다.

11 오만한 사람이 벌을 받으면 어수룩한 사람이 깨닫고,
지혜로운 사람이 책망을 받으면 지식을 더 얻는다.

월 일

12 의로우신 하나님은 악인의 집을 주목하시고, 그를 재앙에 빠지게 하신다.
13 가난한 사람의 부르짖음에 귀를 막으면,
자기가 부르짖을 때에 아무도 대답하지 않는다.
14 은밀하게 주는 선물은 화를 가라앉히고,
품속에 넣어주는 뇌물은 격한 분노를 가라앉힌다.
15 정의가 실현될 때에, 의인은 기뻐하고, 악인은 절망한다.
16 슬기로운 길에서 빗나가는 사람은 죽은 사람들과 함께 쉬게 될 것이다.
17 향락을 좋아하는 사람은 가난하게 되고,
술과 기름을 좋아하는 사람도 부자가 되지 못한다.
18 악인은 의로운 사람 대신에 치르는 몸값이 되고,
사기꾼은 정직한 사람 대신에 치르는 몸값이 된다.
19 다투며 성내는 아내와 함께 사는 것보다,
광야에서 혼자 사는 것이 더 낫다.
20 지혜 있는 사람의 집에는 값진 보물과 기름이 있지만,
미련한 사람은 그것을 모두 탕진하여버린다.
21 정의와 신의를 좇아서 살면, 생명과 번영과 영예를 얻는다.
22 지혜로운 사람은 용사들이 지키는 성에 올라가서,
그들이 든든히 믿는 요새도 무너뜨린다.
23 입과 혀를 지킬 수 있는 사람은,
역경 속에서도 자기의 목숨을 지킬 수 있다.

월 일

24 교만하고 건방진 사람을 오만한 자라고 하는데,
그런 사람은 우쭐대며 무례하게 행동한다.

25 게으른 사람의 욕심이 스스로를 죽이기까지 하는 것은,
어떠한 일도 제 손으로 하기를 싫어하기 때문이다.

26 악인은 온종일 탐하기만 하지만, 의인은 아끼지 않고 나누어준다.

27 악인의 제물이 역겨운 것이라면, 악한 의도로 바치는 것이야
더욱 그렇지 않겠는가?

28 위증을 하는 사람의 증언은 사라지지만,
사실대로 말하는 사람의 증언은 채택된다.

29 악한 사람은 얼굴이 뻔뻔스러우나,
정직한 사람은 자기의 행실을 잘 살핀다.

30 그 어떠한 지혜도, 명철도, 계략도, 주님을 대항하지 못한다.

31 전쟁을 대비하여 군마를 준비해도, 승리는 오직 주님께 달려있다.

월 일

하나님은 형식적인 제사보다
우리의 진실한 마음을 기뻐하십니다.

하나님은 내 마음을 감찰하십니다.
욕심과 교만과 시기와 질투로 물든
마음 구석구석을 들여다보십니다.

사람의 눈은 속일 수 있지만
그분은 결코 속일 수 없음을 기억하십시오.

거짓된 마음으로 빠르게 가는 것보다
진실한 마음으로 천천히 가는 것이 좋습니다.

더디고 뒤처지는 것처럼 보일지라도
진실되고 바르게 한 걸음씩 가십시오.

그런 우리에게 하나님께서
새 힘을 더하여주실 것입니다.

나의 묵상

부지런한 사람의 계획은 반드시 이득을 얻지만,
성급한 사람은 가난해질 뿐이다
정의가 실현될 때에,
의인은 기뻐하고, 악인은 절망한다

잠언 22장

훈계의 가치…서른 가지 교훈

1 많은 재산보다는 명예를 택하는 것이 낫고,
은이나 금보다는 은총을 택하는 것이 낫다.

2 부유한 사람과 가난한 사람이 다 함께 얽혀서 살지만,
이들 모두를 지으신 분은 주님이시다.

3 슬기로운 사람은 재앙을 보면 숨고 피하지만,
어수룩한 사람은 고집을 부리고 나아가다가 화를 입는다.

4 겸손한 사람과 주님을 경외하는 사람이 받을 보상은
재산과 영예와 장수이다.

5 마음이 비뚤어진 사람의 길에는 가시와 올무가 있으나,
자기 영혼을 지키는 사람은 그런 길을 멀리한다.

6 마땅히 걸어야 할 그 길을 아이에게 가르쳐라.
그러면 늙어서도 그 길을 떠나지 않는다.

7 가난하면 부자의 지배를 받고, 빚지면 빚쟁이의 종이 된다.

8 악을 뿌리는 사람은 재앙을 거두고,
분노하여 휘두르던 막대기는 기세가 꺾인다.

9 남을 잘 보살펴주는 사람이 복을 받는 것은,
그가 자기의 먹거리를 가난한 사람에게 나누어주기 때문이다.

10 거만한 사람을 쫓아내면 다툼이 없어지고, 싸움과 욕설이 그친다.

월 일

11 깨끗한 마음을 간절히 바라며 덕을 끼치는 말을 하는 사람은,
왕의 친구가 된다.
12 주님의 눈은 지식 있는 사람을 지켜보시지만,
신의가 없는 사람의 말은 뒤엎으신다.
13 게으른 사람은 핑계 대기를
"바깥에 사자가 있다. 거리에 나가면 찢겨 죽는다" 한다.
14 음행하는 여자의 입은 깊은 함정이니, 주님의 저주를 받는 사람이
거기에 빠진다.
15 아이의 마음에는 미련한 것이 얽혀있으나,
훈계의 매가 그것을 멀리 쫓아낸다.
16 이익을 탐해서, 가난한 사람을 학대하는 사람과
부자에게 자꾸 가져다주는 사람은, 가난해질 뿐이다.
17 귀를 기울여서 지혜 있는 사람의 말을 듣고,
나의 가르침을 너의 마음에 새겨라.
18 그것을 깊이 간직하며, 그것을 모두 너의 입술로 말하면,
너에게 즐거움이 된다.
19 이는 네가 주님을 의뢰하며 살도록 하려고
오늘 내가 너에게 특별히 알려주는 것이다.
20 내가 너에게, 건전한 충고가 담긴 서른 가지 교훈을 써주지 않았느냐?
21 이는 네가 진리의 말씀을 깨달아서, 너에게 묻는 사람에게
바른 대답을 할 수 있게 하려 함이다.

월 일

-1-

22 가난하다고 하여 그 가난한 사람에게서 함부로 빼앗지 말고,
고생하는 사람을 법정에서 압제하지 말아라.

23 주님께서 그들의 송사를 맡아주시고, 그들을 노략하는 사람의 목숨을
빼앗으시기 때문이다.

-2-

24 성급한 사람과 사귀지 말고, 성을 잘 내는 사람과 함께 다니지 말아라.

25 네가 그 행위를 본받아서 그 올무에 걸려들까 염려된다.

-3-

26 이웃의 손을 잡고 서약하거나, 남의 빚에 보증을 서지 말아라.

27 너에게 갚을 것이 아무것도 없다면, 네가 누운 침대까지도 빼앗기지 않겠느냐?

-4-

28 너의 선조들이 세워놓은 그 옛 경계표를 옮기지 말아라.

-5-

29 자기 일에 능숙한 사람을 네가 보았을 것이다.
그런 사람은 왕을 섬길 것이요, 대수롭지 않은 사람을 섬기지는 않을 것이다.

월 일

자녀 훈육은
부모에게 주어진 거룩한 의무입니다.

아이에게 매를 들더라도
마땅히 가르칠 것은 가르쳐야 합니다.
가르치지 않으면서 겸손하고 지혜로운 자녀로
자라길 바라는 건, 어리석은 일입니다.

부모의 훈육을 통해
자녀는 옳고 그름을 분별하고,
바르고 정직하게 말하는
성숙한 어른으로 성장할 것입니다.

무엇보다 부모는 자신부터
하나님 앞에 올바르게 서있으십시오.
아이는 부모의 삶을 보고 그분을 알아갑니다.
그리고 자녀를 위해 늘 기도하십시오.
사랑의 훈계로 지혜롭게 양육하는 부모가 되십시오.

나의 묵상

마땅히 걸어야 할 그 길을 아이에게 가르쳐라
그러면 늙어서도 그 길을 떠나지 않는다
깨끗한 마음을 간절히 바라며
덕을 끼치는 말을 하는 사람은, 왕의 친구가 된다

잠언 23장

-6-

1 네가 높은 사람과 함께 앉아 음식을 먹게 되거든,
너의 앞에 누가 앉았는지를 잘 살펴라.

2 식욕이 마구 동하거든, 목에 칼을 대고서라도 억제하여라.

3 그가 차린 맛난 음식에 욕심을 내지 말아라. 그것은 너를 꾀려는 음식이다.

-7-

4 부자가 되려고 애쓰지 말고, 그런 생각을 끊어버릴 슬기를 가져라.

5 한순간에 없어질 재물을 주목하지 말아라.
재물은 날개를 달고, 독수리처럼 하늘로 날아가버린다.

-8-

6 너는 인색한 사람의 상에서 먹지 말고,
그가 즐기는 맛난 음식을 탐내지 말아라.

7 무릇 그 마음의 생각이 어떠하면 그의 사람됨도 그러하니,
그가 말로는 '먹고 마셔라' 하여도, 그 속마음은 너를 떠나있다.

8 네가 조금 먹은 것조차 토하겠고, 너의 아첨도 헛된 데로 돌아갈 것이다.

-9-

9 미련한 사람의 귀에는 아무 말도 하지 말아라.
그가 너의 슬기로운 말을 업신여길 것이기 때문이다.

-10-

10 옛날에 세워놓은 밭 경계표를 옮기지 말며, 고아들의 밭을 침범하지 말아라.

월 일

11 그들의 구원자는 강한 분이시니, 그분이 그들의 송사를 맡으셔서
너를 벌하실 것이다.

-11-

12 훈계를 너의 마음에 간직하고, 지식이 담긴 말씀에 너의 귀를 기울여라.

-12-

13 아이 꾸짖는 것을 삼가지 말아라. 매질을 한다고 하여서 죽지는 않는다.
14 그에게 매질을 하는 것이, 오히려 그의 목숨을 스올에서 구하는 일이다.

-13-

15 내 아이들아, 너의 마음이 지혜로우면, 나의 마음도 또한 즐겁다.
16 네가 입을 열어 옳은 말을 할 때면, 나의 속이 다 후련하다.

-14-

17 죄인들을 보고 마음속으로 부러워하지 말고, 늘 주님을 경외하여라.
18 그러면, 너의 미래가 밝아지고, 너의 소망도 끊어지지 않는다.

-15-

19 내 아이들아, 너는 잘 듣고 지혜를 얻어서, 너의 마음을 바르게 이끌어라.
20 너는 술을 많이 마시는 사람이나 고기를 탐하는 사람과는 어울리지 말아라.
21 늘 술에 취해있으면서 먹기만을 탐하는 사람은 재산을 탕진하게 되고,
늘 잠에 빠져있는 사람은 누더기를 걸치게 된다.

월 일

-16-

22 너를 낳아준 아버지에게 순종하고 늙은 어머니를 업신여기지 말아라.

23 진리를 사들이되 팔지는 말아라. 지혜와 훈계와 명철도 그렇게 하여라.

24 의인의 아버지는 크게 기뻐할 것이며, 지혜로운 자식을 둔 아버지는
크게 즐거워할 것이다.

25 너의 어버이를 즐겁게 하여라. 특히 너를 낳은 어머니를 기쁘게 하여라.

-17-

26 내 아이들아! 나를 눈여겨보고, 내가 걸어온 길을 기꺼이 따라라.

27 음란한 여자는 깊은 구렁이요, 부정한 여자는 좁은 함정이다.

28 강도처럼 남자를 노리고 있다가, 숱한 남자를 변절자로 만든다.

-18-

29 재난을 당할 사람이 누구며, 근심하게 될 사람이 누구냐?
다투게 될 사람이 누구며, 탄식할 사람이 누구냐?
까닭도 모를 상처를 입을 사람이 누구며, 눈이 충혈될 사람이 누구냐?

30 늦게까지 술자리에 남아있는 사람들, 혼합주만 찾아다니는 사람들이 아니냐!

31 잔에 따른 포도주가 아무리 붉고 고와도, 마실 때에 순하게 넘어가더라도,
너는 그것을 쳐다보지도 말아라.

32 그것이 마침내 뱀처럼 너를 물고, 독사처럼 너를 쏠 것이며,

33 눈에는 괴이한 것만 보일 것이며, 입에서는 허튼소리만 나올 것이다.

34 바다 한가운데 누운 것 같고, 돛대 꼭대기에 누운 것 같을 것이다.

35 "사람들이 나를 때렸는데도 아프지 않고, 나를 쳤는데도 아무렇지 않다.
이 술이 언제 깨지? 술이 깨면, 또 한잔해야지" 하고 말할 것이다.

월 일

하나님은 작은 일이든 큰일이든
주님께 먼저 묻고 나아가는 걸음을
기쁘게 여기십니다.

'이번 한 번은 괜찮겠지',
'아무도 모르니 괜찮겠지'라는 안일한 마음으로
죄악의 자리에 동참해서는 안 됩니다.

하나님을 경외함으로
그분의 말씀을 지키려 애쓰십시오.
그분이 행하실 일을 기대하십시오.

하나님은 그분을 경외하는 사람에게
죄인이 세상에서 누리는 것과 비교할 수 없는
미래를 열어주실 것입니다.

나의 묵상

한순간에 없어질 재물을 주목하지 말아라
재물은 날개를 달고, 독수리처럼 하늘로 날아가버린다
죄인들을 보고 마음속으로 부러워하지 말고,
늘 주님을 경외하여라

잠언 24장

-19-

1 너는 악한 사람을 부러워하지 말며, 그들과 어울리고 싶어 하지도 말아라.

2 그들의 마음은 폭력을 꾀하고, 그들의 입술은 남을 해칠 말만 하기 때문이다.

-20-

3 집은 지혜로 지어지고, 명철로 튼튼해진다.

4 지식이 있어야, 방마다 온갖 귀하고 아름다운 보화가 가득 찬다.

-21-

5 지혜가 있는 사람은 힘이 센 사람보다 더 강하고,
지식이 있는 사람은 기운이 센 사람보다 더 강하다.

6 전략을 세운 다음에야 전쟁을 할 수 있고, 참모가 많아야 승리할 수 있다.

-22-

7 지혜는 너무 높이 있어서, 어리석은 사람이 거기에 미치지 못하니,
어리석은 사람은 사람이 모인 데서 입을 열지 못한다.

-23-

8 늘 악한 일만 꾀하는 사람은, 이간질꾼이라고 불린다.

9 어리석은 사람은 죄짓는 것만 계획한다.
오만한 사람은 누구에게나 미움을 받는다.

-24-

10 재난을 당할 때에 낙심하는 것은, 너의 힘이 약하다는 것을 드러내는 것이다.

월 일

-25-

11 너는 죽을 자리로 끌려가는 사람을 건져주고,
살해될 사람을 돕는 데 인색하지 말아라.

12 너는 그것이 '내가 알 바 아니라'고 생각하며 살겠지만, 마음을 헤아리시는
주님께서 어찌 너의 마음을 모르시겠느냐? 너의 목숨을 지키시는 주님께서
다 알고 계시지 않겠느냐? 그분은 각 사람의 행실대로 갚으실 것이다.

-26-

13 내 아이들아, 꿀을 먹어라. 그것은 좋은 것이다. 송이꿀을 먹어라.
그것은 너의 입에 달콤할 것이다.

14 지혜도 너의 영혼에게는 그와 같다는 것을 알아라.
그것을 얻으면 너의 장래가 밝아지고, 너의 소망이 끊어지지 않는다.

-27-

15 악한 사람아, 의인의 집을 노리지 말고, 그가 쉬는 곳을 헐지 말아라.

16 의인은 일곱 번을 넘어지더라도 다시 일어나지만, 악인은 재앙을 만나면 망한다.

-28-

17 원수가 넘어질 때에 즐거워하지 말고, 그가 걸려서 쓰러질 때에
마음에 기뻐하지 말아라.

18 주님께서 이것을 보시고 좋지 않게 여기셔서, 그 노여움을 너의 원수로부터
너에게로 돌이키실까 두렵다.

-29-

19 행악자 때문에 분개하지도 말고, 악인을 시기하지도 말아라.

월 일

20 행악자에게는 장래가 없고, 악인의 등불은 꺼지고 만다.

-30-

21 내 아이들아, 주님과 왕을 경외하고, 변절자들과 사귀지 말아라.
22 그들이 받을 재앙은 갑자기 일어나는 것이니,
주님이나 왕이 일으킬 재난을 누가 알겠느냐?

추가 교훈

23 몇 가지 교훈이 더 있다. 재판할 때에 얼굴을 보아 재판하는 것은 옳지 않다.
24 악인에게 '네가 옳다' 하는 자는 백성에게서 저주를 받고,
뭇 민족에게서 비난을 받을 것이다.
25 그러나 악인을 꾸짖는 사람은 기쁨을 얻을 것이며, 좋은 복도 받을 것이다.
26 바른말을 해주는 것이, 참된 우정이다.
27 네 바깥일을 다 해놓고 네 밭일을 다 살핀 다음에, 네 가정을 세워라.
28 너는 이유도 없이 네 이웃을 치는 증언을 하지 말고,
네 입술로 속이는 일도 하지 말아라.
29 너는 "그가 나에게 한 그대로 나도 그에게 하여,
그가 나에게 한 만큼 갚아주겠다" 하고 말하지 말아라.
30 게으른 사람의 밭과 지각이 없는 사람의 포도원을 내가 지나가면서 보았더니,
31 거기에는 가시덤불이 널려있고, 엉겅퀴가 지면을 덮었으며,
돌담이 무너져있었다.
32 나는 이것을 보고 마음 깊이 생각하고, 교훈을 얻었다.
33 "조금만 더 자야지, 조금만 더 눈을 붙여야지, 조금만 더 팔을 베고
누워있어야지" 하면,
34 가난이 강도처럼 들이닥치고, 빈곤이 방패로 무장한 용사처럼 달려들 것이다.

월 일

악인의 형통을 부러워하거나 분히 여기지 마십시오.
하늘과 땅과 사람을 창조하신 하나님이
우리에게 형통의 축복을 주시지 못하시겠습니까?

사람은 뿌린 대로 거둡니다.
거짓을 심는 자는 멸망의 열매를 거두고,
낙심하지 않고 선을 행하는 자는,
생명의 열매를 거둘 것입니다.

또한 악인이 넘어질 때 기뻐하지 마십시오.
하나님은 자비와 긍휼이 넘치는 분이십니다.
우리도 그분의 성품을 닮아야 합니다.

악인의 어려움에 박수 치며 기뻐할 것이 아니라,
하나님을 알지 못해 어리석고 안타까운 삶에
매여 사는 그를 불쌍히 여겨야 합니다.

의인은 넘어져도 몇 번이고 다시 일어날 수 있습니다.
사랑하는 아버지가 손을 잡아 일으켜주시기 때문입니다.

나의 묵상

원수가 넘어질때에 즐거워하지 말고,
그가 걸려서 쓰러질때에 마음에 기뻐하지 말아라
주님께서 이것을 보시고 좋지 않게 여기셔서,
그 노여움을 너의 원수로부터 너에게로 돌이키실까 두렵다

제가 배가 불러서, 주님을 부인하면서

'주가 누구냐'고 말하지 않게 하시고,

제가 가난해서, 도둑질을 하거나 하나님의 이름을

욕되게 하거나, 하지 않도록 하여주십시오.

잠 30:9

잠언 25장

솔로몬의 잠언 추가

1 이것도 솔로몬의 잠언으로,
유다 왕 히스기야의 신하들이 편집한 것이다.

2 일을 숨기는 것은 하나님의 영광이요,
일을 밝히 드러내는 것은 왕의 영광이다.

3 하늘이 높고 땅이 깊은 것처럼, 왕의 마음도 헤아리기 어렵다.

4 은에서 찌꺼기를 없애라. 그래야 은장색의 손에서 그릇이 되어 나온다.

5 왕 앞에서는 악한 사람을 없애라. 그래야 왕위가 공의 위에 굳게 선다.

6 왕 앞에서 스스로 높은 체하지 말며, 높은 사람의 자리에 끼어들지 말아라.

7 너의 눈앞에 있는 높은 관리들 앞에서 '저리로 내려가라'는 말을 듣는 것보다,
'이리로 올라오라'는 말을 듣는 것이 더 낫기 때문이다.

8 너는 급하게 소송하지 말아라. 훗날에 너의 이웃이 너를 이겨
부끄럽게 만들 때에, 네가 어떻게 할지가 염려된다.

9 이웃과 다툴 일이 있으면 그와 직접 변론만 하고,
그의 비밀을 퍼뜨리지 말아라.

10 그 말을 듣는 사람이 오히려 너를 비난하면,
그 나쁜 소문이 너에게서 떠나지 않고 따라다닐까 두렵다.

11 경우에 알맞은 말은, 은쟁반에 담긴 금 사과이다.

12 지혜로운 사람의 책망은, 들을 줄 아는 사람의 귀에는 금귀고리요,
순금 목걸이이다.

13 믿음직한 심부름꾼은 그를 보낸 주인에게는 무더운 추수 때의
시원한 냉수와 같아서, 그 주인의 마음을 시원하게 해준다.

14 선물을 한다고 거짓말로 자랑을 퍼뜨리는 사람은
비를 내리지 못하는 구름과 바람 같다.

월 일

15 분노를 오래 참으면 지배자도 설득되고, 부드러운 혀는 뼈도 녹일 수 있다.

16 꿀을 발견하더라도 적당히 먹어라. 과식하면 토할지도 모른다.

17 이웃집이라 하여 너무 자주 드나들지 말아라.
그가 싫증이 나서 너를 미워하게 될지도 모른다.

18 거짓말로 이웃에게 불리한 증언을 하는 사람은,
망치요, 칼이요, 뾰족한 화살이다.

19 환난을 당할 때에, 진실하지 못한 사람을 믿는 것은,
마치 썩은 이와 뼈가 부러진 다리를 의지하는 것과 같다.

20 마음이 상한 사람 앞에서 즐거운 노래를 부르는 것은,
추운 날에 옷을 벗기는 것과 같고, 상처에 초를 붓는 것과 같다.

21 네 원수가 배고파하거든 먹을 것을 주고,
목말라하거든 마실 물을 주어라.

22 이렇게 하는 것은, 그의 낯을 뜨겁게 하는 것이며,
주님께서 너에게 상으로 갚아주실 것이다.

23 북풍이 비를 일으키듯, 헐뜯는 혀는 얼굴에 분노를 일으킨다.

24 다투기를 좋아하는 여자와 넓은 집에서 함께 사는 것보다,
차라리 다락 한구석에서 혼자 사는 것이 더 낫다.

25 먼 데서 오는 기쁜 소식은 목이 타는 사람에게 주어지는 냉수와 같다.

26 의인이 악인 앞에 무릎을 꿇는 것은, 흐려진 샘물과 같고,
오염된 우물물과 같다.

27 꿀도 너무 많이 먹는 것은 좋지 않듯이,
영예를 지나치게 구하는 것은 좋지 않다.

28 자기의 기분을 자제하지 못하는 사람은,
성이 무너져 성벽이 없는 것과 같다.

월 일

하나님은 겸손히 자신을
낮추는 자를 기뻐하시며
하나님의 때에, 그분의 방법으로
높은 자리에 앉혀주십니다.

내가 원하는 자리를 차지하기 위해
아등바등 애쓰기보다
주님이 주신 자리를 기쁨으로 감당하십시오.

우리는 내게 없는 것을 남이 갖고 있을 때
그것을 더 크게 느끼며 갖고 싶어 합니다.
하지만 내 소유도
주님이 내게만 주신 것임을 기억해야 합니다.

요즘 당신의 마음을 빼앗는 것은 무엇인가요?

겸손히 마음을 지키십시오.
언제나 성령님이 나를 다스리시도록
여호와의 주권에 순종하십시오.

나의 묵상

믿음직한 심부름꾼은 그를 보낸 주인에게는 무더운 추수때의
시원한 냉수와 같아서, 그 주인의 마음을 시원하게 해준다
네 원수가 배고파하거든 먹을것을 주고,
목말라하거든 마실물을 주어라

잠언 26장

미련한 사람이 되지 말아라

1 미련한 사람에게는 영예가 어울리지 않는다.
이는 마치 여름에 눈이 내리는 것과 같고, 추수 때에 비가 오는 것과 같다.

2 까닭 없는 저주는 아무에게도 미치지 않으니,
이는 마치 참새가 떠도는 것과 같고, 제비가 날아가는 것과 같다.

3 말에게는 채찍, 나귀에게는 재갈, 미련한 사람의 등에는 매가 필요하다.

4 미련한 사람이 어리석은 말을 할 때에는 대답하지 말아라.
너도 그와 같은 사람이 될까 두렵다.

5 미련한 사람이 어리석은 말을 할 때에는 같은 말로 대응하여주어라.
그가 지혜로운 체할까 두렵다.

6 미련한 사람을 시켜서 소식을 보내는 것은, 제 발목을 자르거나
폭력을 불러들이는 것과 같다.

7 미련한 사람이 입에 담는 잠언은, 저는 사람의 다리처럼 힘이 없다.

8 미련한 사람에게 영예를 돌리는 것은, 무릿매에 돌을 올려놓는 것과 같다.

9 미련한 사람이 입에 담는 잠언은, 술 취한 사람이 손에 쥐고 있는
가시나무와 같다.

10 미련한 사람이나 지나가는 사람을 고용하는 것은,
궁수가 닥치는 대로 사람을 쏘아대는 것과 같다.

11 개가 그 토한 것을 도로 먹듯이, 미련한 사람은 어리석은 일을 되풀이한다.

12 너는 스스로 지혜롭다 하는 사람을 보았을 것이나,
그런 사람보다는 오히려 미련한 사람에게 더 희망이 있다.

13 게으른 사람은 핑계 대기를 "길에 사자가 있다. 거리에 사자가 있다" 한다.

14 문짝이 돌쩌귀에 붙어서 돌아가듯이, 게으른 사람은 침대에만 붙어서 뒹군다.

15 게으른 사람은 밥그릇에 손을 대고서도, 입에 떠 넣기조차 귀찮아한다.

월 일

16 게으른 사람은 재치 있게 대답하는 사람 일곱보다
자기가 더 지혜롭다고 생각한다.

17 자기와 관계없는 싸움에 끼어드는 것은, 사람이 개의 귀를 붙잡는 것과 같다.

18 횃불을 던지고 화살을 쏘아서 사람을 죽이는 미친 사람이 있다.

19 이웃을 속이고서도 "농담도 못 하냐?" 하고 말하는 사람도 그러하다.

20 땔감이 다 떨어지면 불이 꺼지듯이, 남의 말을 잘하는 사람이 없어지면
다툼도 그친다.

21 숯불 위에 숯을 더하는 것과, 타는 불에 나무를 더하는 것과 같이,
다투기를 좋아하는 사람은 불난 데 부채질을 한다.

22 헐뜯기를 잘하는 사람의 말은 맛있는 음식과 같아서,
뱃속 깊은 데로 내려간다.

23 악한 마음을 품고서 말만 매끄럽게 하는 입술은,
질그릇에다가 은을 살짝 입힌 것과 같다.

24 남을 미워하는 사람은 입술로는 그렇지 않은 체하면서,
속으로는 흉계를 꾸민다.

25 비록 다정한 말을 한다 하여도 그를 믿지 말아라.
그의 마음속에는 역겨운 것이 일곱 가지나 들어있다.

26 미운 생각을 교활하게 감추고 있다 하여도,
그 악의는 회중 앞에서 드러나기 마련이다.

27 함정을 파는 사람은 자기가 그 속에 빠지고,
돌을 굴리는 사람은 자기가 그 밑에 깔린다.

28 거짓말을 하는 혀는 흠 없는 사람의 원수이며,
아첨하는 사람은 자기의 신세를 망친다.

월 일

우리는 입술을 주의해야 합니다.

잠언은 '말'의 중요성과 위험성을 수차례 경고합니다.
특히 26장은 마음과 입술이 다르게 행동하는
부분을 꼬집어 말합니다.

입술로는 상대방이 듣기에 달콤한 말들을 쏟아내지만
마음으로는 멸시하고 천대하는 것은
참으로 가증스러운 일입니다.

이중적인 태도를 벗어버리십시오.
한마디를 하더라도 진심을 담아야 합니다.
상대의 마음을 헤아리며 그의 이야기를 들어야 합니다.
말하는 것보다 경청에 더 힘쓰십시오.

마음의 뜻이 입술의 고백이 되어
한마음, 한 영으로 살아가십시오.

나의 묵상

미련한 사람이 어리석은 말을 할 때에는 대답하지 말아라
너도 그와 같은 사람이 될까 두렵다
개가 그 토한 것을 도로 먹듯이,
미련한 사람은 어리석은 일을 되풀이한다

잠언 27장

내일 일을 자랑하지 말아라

1 내일 일을 자랑하지 말아라. 하루 사이에 무슨 일이 생길지 알 수 없다.

2 네가 너를 칭찬하지 말고, 남이 너를 칭찬하게 하여라.
칭찬은 남이 하여주는 것이지, 자기의 입으로 하는 것이 아니다.

3 돌도 무겁고 모래도 짐이 되지만, 어리석은 사람이 성가시게 구는 것은,
이 두 가지보다 더 무겁다.

4 분노는 잔인하고 진노는 범람하는 물과 같다고 하지만,
사람의 질투를 누가 당하여낼 수 있으랴?

5 드러내놓고 꾸짖는 것이, 숨은 사랑보다 낫다.

6 친구의 책망은 아파도 진심에서 나오지만,
원수의 입맞춤은 거짓에서 나온다.

7 배부른 사람은 꿀도 지겨워하지만,
배고픈 사람은 쓴 것도 달게 먹는다.

8 고향을 잃고 떠도는 사람은, 둥지를 잃고 떠도는 새와 같다.

9 향유와 향료가 마음을 즐겁게 하듯이, 친구의 다정한 충고가 그와 같다.

10 너의 친구나 너의 아버지의 친구를 저버리지 말아라.
네가 어렵다고 친척의 집을 찾아다니지 말아라.
가까운 이웃이 먼 친척보다 낫다.

11 내 아이들아, 지혜를 깨우치고, 나의 마음을 기쁘게 하여라.
그러면 나를 비방하는 사람에게, 내가 대답할 수 있겠다.

12 슬기로운 사람은 재앙을 보면 숨어 피하지만,
어수룩한 사람은 고집을 부리고 나아가다가 화를 입는다.

13 남의 보증을 선 사람은 자기의 옷을 잡혀야 하고,
모르는 사람의 보증을 선 사람은 자기의 몸을 잡혀야 한다.

월 일

14 이른 아침에 큰 소리로 이웃에게 축복의 인사를 하면,
그것을 오히려 저주로 여길 것이다.

15 다투기를 좋아하는 여자는, 비 오는 날 지붕에서 끊임없이
비가 새는 것과 같다.

16 그런 여자를 다스리려는 것은, 바람을 다스리려는 것과 같고,
손으로 기름을 가득 움켜잡으려는 것과 같다.

17 쇠붙이는 쇠붙이로 쳐야 날이 날카롭게 서듯이,
사람도 친구와 부대껴야 지혜가 예리해진다.

18 무화과나무를 가꾸는 사람이 그 열매를 먹듯이,
윗사람의 시중을 드는 사람이 그 영화를 얻는다.

19 사람의 얼굴이 물에 비치듯이, 사람의 마음도 사람을 드러내 보인다.

20 스올과 멸망의 구덩이가 만족을 모르듯, 사람의 눈도 만족을 모른다.

21 도가니는 은을, 화덕은 금을 단련하듯이,
칭찬은 사람됨을 달아볼 수 있다.

22 어리석은 사람은 곡식과 함께 절구에 넣어서 공이로 찧어도,
그 어리석음이 벗겨지지 않는다.

23 너의 양 떼의 형편을 잘 알아두며, 너의 가축 떼에게 정성을 기울여라.

24 재물은 영원히 남아있지 않으며, 왕관도 대대로 물려줄 수 없기 때문이다.

25 그러나 풀은 벤 뒤에도 새 풀이 돋아나니, 산에서 꼴을 거둘 수 있다.

26 어린 양의 털로는 너의 옷을 지어 입을 수 있고,
숫양으로는 밭을 사들일 수 있으며,

27 염소의 젖은 넉넉하여, 너와 너의 집 식구의 먹을 것뿐만 아니라,
너의 여종의 먹을 것까지 있을 것이다.

월 일

우리는 내일 일을 자랑하기보다
오늘 주어진 일을 먼저 잘 감당해야 합니다.
당장 일어날 일도 다 알 수 없는데
미래를 어떻게 예측할 수 있겠습니까?

오늘 하루 나를 지켜주시고 내일을 허락하실 주님께
감사드리며 기쁘게 찬양할 뿐입니다.

인간관계의 어려움을 통해
우리는 깎이고 성장합니다.
'이 괴로움이 왜 내게 일어났을까?'보다
'이를 어떻게 슬기롭게 헤쳐나갈까?'
생각하십시오.

또한 사람을 외모로 판단하지 말고
오래 보면서 진면모를 발견하십시오.
상대가 나를 있는 그대로 사랑해주길 바란다면
나도 그를 있는 그대로
바라보고 인정해야 할 것입니다.

나의 묵상

내일 일을 자랑하지 말아라
하루 사이에 무슨 일이 생길지 알 수 없다
사람의 얼굴이 물에 비치듯이,
사람의 마음도 사람을 드러내 보인다

잠언 28장

율법이 주는 유익

1 악인은 뒤쫓는 사람이 없어도 달아나지만, 의인은 사자처럼 담대하다.

2 나라에 반역이 일면, 통치자가 자주 바뀌지만,
슬기와 지식이 있는 사람이 다스리면, 그 나라가 오래간다.

3 가난한 사람을 억압하는 가난한 사람은 먹거리를 남김없이 쓸어버리는
폭우와 같다.

4 율법을 버린 사람은 악인을 찬양하지만, 율법을 지키는 사람은 ·
악인에게 대항한다.

5 악한 사람은 공의를 깨닫지 못하나, 주님을 찾는 사람은 모든 것을 깨닫는다.

6 부유하나 구부러진 길을 가는 사람보다는 가난해도 흠 없이 사는 사람이 낫다.

7 슬기로운 아들은 율법을 지키지만, 먹기를 탐하는 사람들과 어울리는 아들은
아버지에게 욕을 돌린다.

8 높은 이자로 재산을 늘리는 것은, 마침내, 가난한 사람들에게
은혜로 베풀어질 재산을 쌓아두는 것이다.

9 귀를 돌리고 율법을 듣지 않으면, 그의 기도마저도 역겹게 된다.

10 정직한 사람을 나쁜 길로 유인하는 사람은 자기가 판 함정에 빠지지만,
흠 없이 사는 사람은 복을 받는다.

11 부자가 자기 보기에는 지혜롭지만, 가난하나 슬기로운 사람은
그 사람의 속을 꿰뚫어 본다.

12 정직한 사람이 이기면 많은 사람이 축하하지만,
악인이 일어나면 사람들이 숨는다.

13 자기의 죄를 숨기는 사람은 잘되지 못하지만, 죄를 자백하고
그것을 끊어버리는 사람은 불쌍히 여김을 받는다.

14 늘 두려워하는 마음으로 사는 사람은 복을 받지만,
마음이 완고한 사람은 재앙에 빠진다.

월 일

15 가난한 백성을 억누르는 악한 통치자는, 울부짖는 사자요, 굶주린 곰이다.
16 슬기가 모자라는 통치자는 억압만을 일삼지만,
부정한 이득을 미워하는 통치자는 오래도록 살 것이다.
17 사람을 죽인 사람은 함정으로 달려가는 것이니,
아무도 그를 막지 말아야 한다.
18 흠 없이 사는 사람은 구원을 받을 것이지만,
그릇된 길을 따라가는 사람은 언젠가는 한 번 넘어지고야 만다.
19 밭을 가는 사람은 먹을 것이 넉넉하지만,
헛된 것을 꿈꾸는 사람은 찌들게 가난하다.
20 신실한 사람은 많은 복을 받지만,
속히 부자가 되려는 사람은 벌을 면하지 못한다.
21 사람의 얼굴을 보고 재판하는 것은 옳지 않다.
사람은 빵 한 조각 때문에 그런 죄를 지을 수도 있다.
22 죄악에 눈이 어두운 사람은 부자가 되는 데에만 바빠서,
언제 궁핍이 자기에게 들이닥칠지를 알지 못한다.
23 아첨하는 사람보다는 바르게 꾸짖는 사람이, 나중에 고맙다는 말을 듣는다.
24 자기 부모의 것을 빼앗고도 그것이 죄가 아니라고 하는 사람은
살인자와 한패이다.
25 욕심이 많은 사람은 다툼을 일으키지만,
주님을 의뢰하는 사람은 풍성함을 누린다.
26 자기의 생각만을 신뢰하는 사람은 미련한 사람이지만,
지혜롭게 사는 사람은 구원을 받는다.
27 가난한 사람을 도와주는 사람은 모자라는 것이 없지만,
그를 못 본 체하는 사람은 많은 저주를 받는다.
28 악인이 일어나면 사람들은 숨어버리지만, 그가 망하면 의인이 많이 나타난다.

월 일

탐심이 가득한 사람은 가는 곳마다 분쟁을 일으키지만
여호와를 의지하는 자는 언제나 형통합니다.

당신의 걸음이 닿는 곳은 어떤 모습인가요?

하늘나라를 소망하고
주님 오실 날을 기다린다고 고백하면서
내 주머니 채우는 일에 급급해 살고 있진 않나요?

돈이 먼저인지,
사랑하는 하나님 아버지가 가장 먼저 되시는지
스스로 질문해보아야 합니다.

하나님을 따른다면서 가난한 이웃을 못 본 체하며,
부와 명예만 좇고 있다면
주님이 기뻐하지 않으실 것입니다.

가난해도 명철을 지니고 바른길을 걷는 자를
그분은 기뻐하며 사랑하십니다.

나의 묵상

자기의 죄를 숨기는 사람은 잘되지 못하지만,
죄를 자백하고 그것을 끊어 버리는 사람은 불쌍히 여김을 받는다
아첨하는 사람보다는 바르게 꾸짖는 사람이,
나중에 고맙다는 말을 듣는다

잠언 29장

상식

1 책망을 자주 받으면서도 고집만 부리는 사람은,
갑자기 무너져서 회복하지 못한다.

2 의인이 많으면 백성이 기뻐하지만,
악인이 권세를 잡으면 백성이 탄식한다.

3 지혜를 사랑하는 아들은 아버지를 기쁘게 하지만,
창녀에게 드나드는 아들은 재산을 탕진한다.

4 공의로 다스리는 왕은 나라를 튼튼하게 하지만,
뇌물을 좋아하는 왕은 나라를 망하게 한다.

5 이웃에게 아첨하는 사람은 그의 발 앞에 그물을 치는 사람이다.

6 악인이 범죄하는 것은 그 자신에게 올무를 씌우는 것이지만,
의인은 노래하며 즐거워한다.

7 의인은 가난한 사람의 사정을 잘 알지만,
악인은 가난한 사람의 사정쯤은 못 본 체한다.

8 거만한 사람은 성읍을 시끄럽게 하지만,
지혜로운 사람은 분노를 가라앉힌다.

9 지혜로운 사람이 어리석은 사람을 걸어서 소송하면,
어리석은 사람이 폭언과 야유로 맞서므로, 지혜로운 사람은 안심할 수 없다.

10 남을 피 흘리게 하기를 좋아하는 사람은 흠 없는 사람을 미워하지만,
정직한 사람은 흠 없는 사람의 생명을 보살펴준다.

11 미련한 사람은 화를 있는 대로 다 내지만,
지혜로운 사람은 화가 나도 참는다.

12 통치자가 거짓말에 귀를 기울이면, 그 신하들이 모두 악해진다.

13 가난한 사람과 착취하는 사람이 다 함께 살고 있으나,
주님은 이들 두 사람에게 똑같이 햇빛을 주신다.

월 일

14 왕이 가난한 사람을 정직하게 재판하면,
그의 왕위는 길이길이 견고할 것이다.

15 매와 꾸지람은 지혜를 얻게 만들어주지만,
내버려둔 자식은 그 어머니를 욕되게 한다.

16 악인이 많아지면 범죄가 늘어나지만,
의인은 그들이 망하는 것을 보게 된다.

17 너의 자식을 훈계하여라. 그러면 그가 너를 평안하게 하고,
너의 마음에 기쁨을 안겨줄 것이다.

18 계시가 없으면 백성은 방자해지나, 율법을 지키는 사람은 복을 받는다.

19 말만으로는 종을 제대로 가르칠 수 없으니
다 알아들으면서도 따르지 않기 때문이다.

20 너도 말이 앞서는 사람을 보았겠지만, 그런 사람보다는
오히려 미련한 사람에게 더 바랄 것이 있다.

21 어릴 때부터 종의 응석을 받아주면, 나중에는 다루기 어렵게 된다.

22 화를 잘 내는 사람은 다툼을 일으키고,
성내기를 잘하는 사람은 죄를 많이 짓는다.

23 사람이 오만하면 낮아질 것이고, 마음이 겸손하면 영예를 얻을 것이다.

24 도둑과 짝하는 사람은 자기의 목숨을 하찮게 여기는 사람이다.
그러므로 자기를 저주하는 소리를 들어도 아무런 반박을 하지 못한다.

25 사람을 두려워하면 올무에 걸리지만, 주님을 의지하면 안전하다.

26 많은 사람이 통치자의 환심을 사려고 하지만,
사람의 일을 판결하시는 분은 주님이시다.

27 의인은 불의한 사람을 싫어하고, 악인은 정직한 사람을 싫어한다.

월 일

반복적인 책망 속에도
달라지는 것 없이 자기를 의지하여
살아가는 사람은 불시에 망합니다.

하나님의 말씀을 가벼이 여기고,
자신의 의와 생각을 믿는 사람은
그분의 심판을 피하지 못합니다.

사람이나 환경을 통해
내게 들려주시는 주님의 경고를
혹 무시하고 있지는 않은지
돌아봐야 할 때입니다.

가던 길을 잠깐 멈추어
말씀 앞에 서서 점검하는 지혜가 필요합니다.

나의 묵상

가난한 사람과 착취하는 사람이 다 함께 살고있으나,
주님은 이들 두 사람에게 똑같이 햇빛을 주신다
사람을 두려워하면 올무에 걸리지만,
주님을 의지하면 안전하다

잠언 30장

아굴의 잠언

1 이것은 야게의 아들 아굴이 말한 잠언이다.
이 사람이 이디엘에게 말하고, 또 이디엘과 우갈에게 말하였다.

2 참으로 나는, 사람이라기보다는 우둔한 짐승이며,
나에게는 사람의 총명이 없다.

3 나는 지혜를 배우지도 못하였고,
지극히 거룩하신 분을 아는 지식도
깨우치지 못하였다.

4 하늘에 올라갔다가 내려온 사람이 누구며,
바람을 자기 손에 움켜쥐고 있는 사람이 누구냐?
물을 그 옷자락으로 싸고 있는 사람이 누구며
땅의 모든 경계선을 그은 사람이 누구인가? 그 사람의 이름은 무엇인지,
그의 아들의 이름은 무엇인지, 정말 네가 아느냐?

5 하나님의 말씀은 모두 순결하며,
그분은 그를 의지하는 사람의 방패가 되신다.

6 그 말씀에 아무것도 더하지 말아라.
그렇지 않으면 그분이 너를 책망하시고,
너는 거짓말을 하는 사람이 될 것이다.

헌신의 잠언

7 주님께 두 가지 간청을 드리니, 제가 죽기 전에 그것을 이루어주십시오.

8 허위와 거짓말을 저에게서 멀리하여주시고,
저를 가난하게도 부유하게도 하지 마시고,
오직 저에게 필요한 양식만을 주십시오.

월 일

9 제가 배가 불러서, 주님을 부인하면서 '주가 누구냐'고 말하지 않게 하시고,
제가 가난해서, 도둑질을 하거나 하나님의 이름을 욕되게 하거나,
하지 않도록 하여주십시오.
10 주인에게 그 종을 비방하는 말을 하지 말아라.
그 종이 너를 저주하고 너에게 죄가 돌아갈까 두렵다.
11 아버지를 저주하며 어머니를 축복하지 않는 무리가 있다.
12 더러운 것을 씻지도 않고 깨끗한 체하는 무리가 있다.
13 눈이 심히 높아서, 눈꺼풀을 치켜올리고 남을 깔보는 무리가 있다.
14 이빨이 긴 칼과 같고 턱이 큰 칼과 같아서, 가난한 사람을 하나도
땅에 남기지 않고 삼키며 궁핍한 사람을 삼켜 씨를 말리는 무리도 있다.
15 거머리에게는 '달라, 달라' 하며 보채는 딸이 둘이 있다.
전혀 배부른 줄 모르는 것이 셋, 만족할 줄 모르는 것 넷이 있으니,
16 곧 스올과 아기 못 낳는 태와 물로 갈증을 없앨 수 없는 땅과
만족하다고 말할 줄 모르는 불이다.
17 아버지를 조롱하며 어머니를 멸시하여, 순종하지 않는 사람의 눈은,
골짜기의 까마귀에게 쪼이고 새끼 독수리에게 먹힐 것이다.
18 기이한 일이 셋, 내가 정말 이해할 수 없는 일이 넷이 있으니,
19 곧 독수리가 하늘을 날아간 자취와, 뱀이 바위 위로 지나간 자취와,
바다 위로 배가 지나간 자취와, 남자가 여자와 함께하였던 자취이다.
20 간음한 여자의 자취도 그러하니, 먹고도 안 먹었다고 입을 씻듯이
"나는 아무런 악행도 한 일이 없다" 한다.

월 일

21 세상을 뒤흔들 만한 일이 셋, 세상이 감당하지 못할 일이 넷이 있으니,
22 곧 종이 임금이 되는 것과, 어리석은 자가 배불리 먹는 것과,
23 꺼림을 받는 여자가 시집을 가는 것과, 여종이 그 안주인의 자리를
이어받는 것이다.
24 땅에서 아주 작으면서도 가장 지혜로운 것이 넷이 있으니,
25 곧 힘이 없는 종류이지만 먹을 것을 여름에 예비하는 개미와,
26 약한 종류이지만 바위틈에 자기 집을 짓는 오소리와,
27 임금은 없으나 떼를 지어 함께 나아가는 메뚜기와,
28 사람의 손에 잡힐 것 같은데도 왕궁을 드나드는 도마뱀이다.
29 늠름하게 걸어 다니는 것이 셋, 위풍당당하게 걸어 다니는 것 넷이 있으니,
30 곧 짐승 가운데서 가장 강하여, 아무 짐승 앞에서도 물러서지 않는 사자와,
31 자랑스럽게 걷는 사냥개와, 숫염소와, 아무도 맞설 수 없는 임금이다.
32 네가 어리석어서 우쭐댔거나 악한 일을 도모하였거든,
너의 손으로 입을 막고 반성하여보아라.
33 우유를 저으면 굳은 우유가 되고, 코를 비틀면 피가 나오듯,
화를 돋우면 분쟁이 일어난다.

월 일

사람을 두려워하면 올무에 걸리지만
하나님을 신뢰하는 자는 안전할 것입니다.

하나님은 우리의 든든한 피난처가 되시며
누구도 공격할 수 없는 요새가 되시며
내게 해를 끼치는 모든 것에 방패가 되어주십니다.

사람을 의식하여 내 삶을 갉아먹는 일은,
그분의 주권을 무시하는 것과 같습니다.

하나님을 바라보십시오.
그분은 당신을 사망의 권세로부터 건져내셨습니다.
전능하신 그분을 굳게 붙드십시오.
당신은 더 이상 요동치 아니할 것입니다.

나의 묵상

허위와 거짓말을 저에게서 멀리하여 주시고,
저를 가난하게도 부유하게도 하지 마시고,
오직 저에게 필요한 양식만을 주십시오

잠언 31장

왕에게 주는 충고

1 르무엘 왕의 잠언, 곧 그의 어머니가 그에게 교훈한 말씀이다.

2 내 아들아, 내가 무엇을 말할까? 내 태에서 나온 아들아, 내가 무엇을 말할까?
서원을 하고 얻은 아들아, 내가 무엇을 말할까?

3 여자에게 너의 힘을 쓰지 말아라. 여자는 임금도 망하게 할 수 있으니,
여자에게 너의 길을 맡기지 말아라.

4 르무엘아, 임금에게 적합하지 않은 일이 있다.
포도주를 마시는 것은 임금에게 적합한 일이 아니다.
독주를 좋아하는 것은 통치자들에게 적합한 일이 아니다.

5 술을 마시면 법을 잊어버리고, 억눌린 사람들에게
판결을 불리하게 내릴까 두렵다.

6 독한 술은 죽을 사람에게 주고, 포도주는 마음이 아픈 사람에게 주어라.

7 그가 그것을 마시고 자기의 가난을 잊을 것이고,
자기의 고통을 더 이상 기억하지 않을 것이다.

8 너는 벙어리처럼 할 말을 못하는 사람과 더불어,
고통 속에 있는 사람들의 송사를 변호하여 입을 열어라.

9 너는 공의로운 재판을 하고, 입을 열어,
억눌린 사람과 궁핍한 사람들의 판결을 바로 하여라.

유능한 아내

10 누가 유능한 아내를 맞겠느냐? 그 값은 진주보다 더 뛰어나다.

11 남편은 진심으로 아내를 믿으며 가난을 모르고 산다.

12 그의 아내는 살아있는 동안, 오직 선행으로 남편을 도우며,
해를 입히는 일이 없다.

13 양털과 삼을 구해다가, 부지런히 손을 놀려 일하기를 즐거워한다.

월 일

14 또한 상인의 배와 같이, 먼 곳에서 먹거리를 구하여 오기도 한다.
15 날이 밝기도 전에 일어나서 식구들에게는 음식을 만들어주고,
여종들에게는 일을 정하여 맡긴다.
16 밭을 살 때에는 잘 살펴본 다음에 사들이고,
또 자기가 직접 번 돈으로 포도원도 사서 가꾼다.
17 허리를 단단히 동여매고, 억센 팔로 일을 한다.
18 사업이 잘되어가는 것을 알고, 밤에도 등불을 끄지 않는다.
19 한 손으로는 물레질을 하고, 다른 손으로는 실을 탄다.
20 한 손은 펴서 가난한 사람을 돕고, 다른 손은 펴서 궁핍한 사람을 돕는다.
21 온 식구를 홍색 옷으로 따스하게 입히니,
눈이 와도 식구들 때문에 걱정하는 일이 없다.
22 손수 자기의 이부자리를 만들고, 고운 모시옷과 자주색 옷을 지어 입는다.
23 남편은 마을 원로들과 함께 마을회관을 드나들며, 사람들의 존경을 받는다.
24 그의 아내는 모시로 옷을 지어 팔고, 띠를 만들어 상인에게 넘긴다.
25 자신감과 위엄이 몸에 배어있고, 미래에 대한 두려움이 없다.
26 입만 열면 지혜가 저절로 나오고, 혀만 움직이면 상냥한 교훈이 쏟아져 나온다.
27 집안일을 두루 살펴보고, 일하지 않고 얻은 양식은 먹는 법이 없다.
28 자식들도 모두 일어나서, 어머니 업적을 찬양하고
남편도 아내를 칭찬하여 이르기를
29 "덕을 끼치는 여자들은 많이 있으나, 당신이 모든 여자 가운데 으뜸이오" 한다.
30 고운 것도 거짓되고, 아름다운 것도 헛되지만,
주님을 경외하는 여자는 칭찬을 받는다.
31 아내가 손수 거둔 결실은 아내에게 돌려라.
아내가 이룬 공로가 성문 어귀 광장에서 인정받게 하여라.

월 일

현숙한 여인은 비싼 진주에도
비길 수 없이 귀하다고 말씀하십니다.

그녀는 땀으로 열매 맺는 수고로움을 알고
부지런함과 의로움의 자리에 머무르며
게으르지 않고 모든 순간을 기쁘게 감당합니다.
그 입술은 지혜를 가르치고
그 혀에는 진실한 가르침이 있습니다.

우리 한 사람 한 사람이 주님의 현숙한 여인이 되어
주어진 자리를 부지런함과 정직함으로
살아내기를 소망합니다.

"고운 것도 거짓되고, 아름다운 것도 헛되지만,
주님을 경외하는 여자는 칭찬을 받는다."

여호와를 경외하는 것이 지혜의 근본이라는
진리를 마음 깊이 새기십시오.
그리고 주님이 진정 기뻐하시는 일에
온 맘 다해 전진하기를 기도합니다.

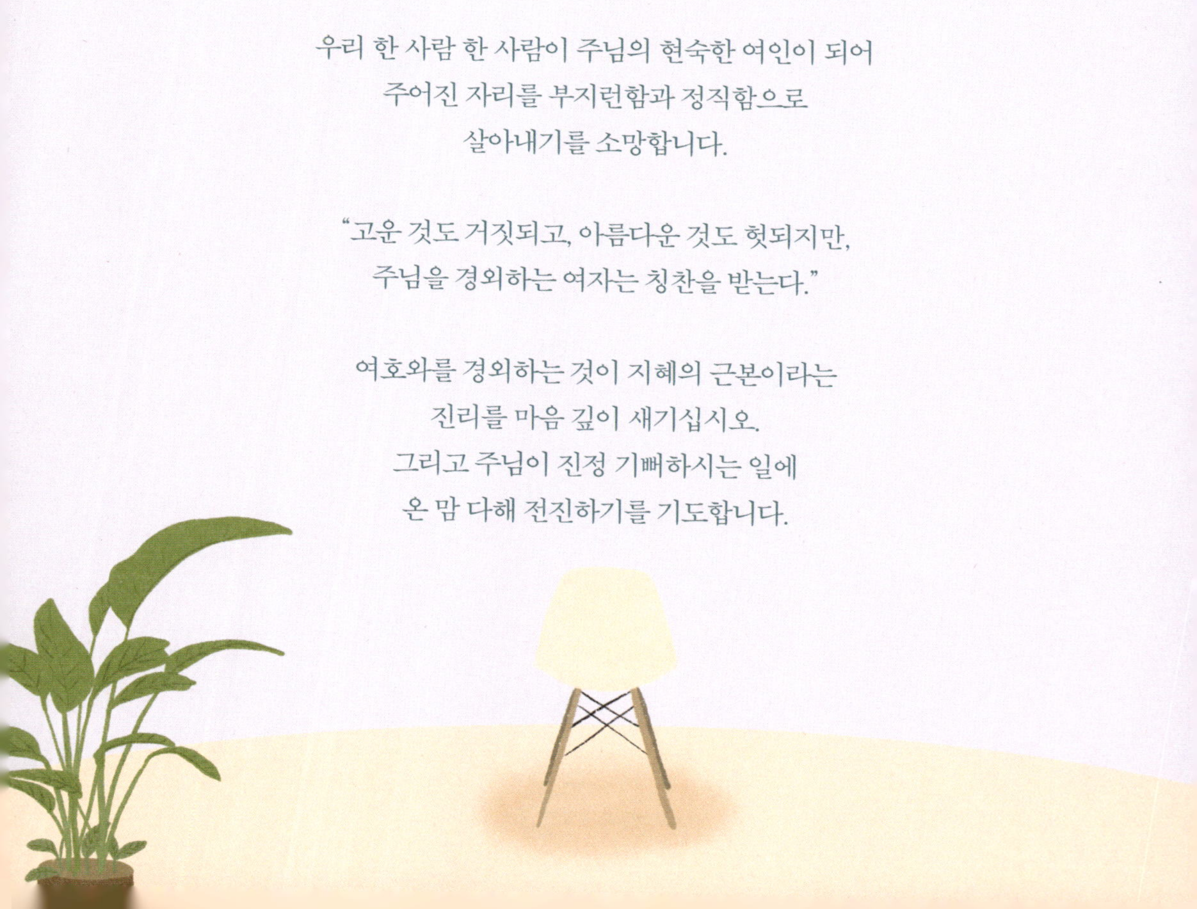

나의 묵상

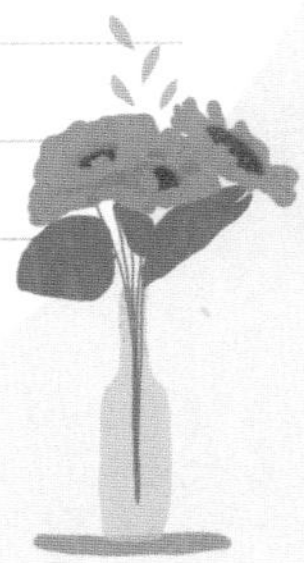

누가 유능한 아내를 맞겠느냐?
그 값은 진주보다 더 뛰어나다
고운 것도 거짓되고, 아름다운 것도 헛되지만,
주님을 경외하는 여자는 칭찬을 받는다

쓰담쓰담 잠언(새번역)

초판 1쇄 발행 2020년 10월 16일
초판 10쇄 발행 2025년 12월 16일

지은이 햇살콩(김나단, 김연선)

펴낸이 여진구
책임편집 김아진
편집 이영주 진효지 최현수 구주은 안수경 김도연 배예담
책임디자인 마영애 조은혜 | 노지현 정은혜
마케팅 김상순 강성민
제작 조영석 허병용
마케팅지원 최영배 정나영
경영지원 김혜경 김경희 김영하

303비전성경암송학교 유니게 과정
이슬비전도학교 / 303비전성경암송학교 / 303비전꿈나무장학회

펴낸곳 규장

주소 06770 서울시 서초구 매헌로 16길 20(양재2동) 규장선교센터
전화 02)578-0003 팩스 02)578-7332
이메일 kyujang0691@gmail.com
홈페이지 www.kyujang.com
페이스북 facebook.com/kyujangbook
인스타그램 instagram.com/kyujang_com
카카오스토리 story.kakao.com/kyujangbook
등록일 1978.8.14. 제1-22

책값 뒤표지에 있습니다.
ISBN 979-11-6504-144-1 04230
979-11-6504-089-5 (세트)

규 | 장 | 수 | 칙

1. 기도로 기획하고 기도로 제작한다.
2. 오직 그리스도의 성품을 사모하는 독자가 원하고 필요로 하는 책만을 출판한다.
3. 한 활자 한 문장에 온 정성을 쏟는다.
4. 성실과 정확을 생명으로 삼고 일한다.
5. 긍정적이며 적극적인 신앙과 신행일치에의 안내자의 사명을 다한다.
6. 충고와 조언을 항상 감사로 경청한다.
7. 지상목표는 문서선교에 있다.

하나님을 사랑하는 자 곧 그의 뜻대로 부르심을 입은 자들에게는 모든 것이 合力하여 善을 이루느니라(롬 8:28)